그때의
순간

읽기와 쓰기 사이,
그 무용한 지대에
가닿으려는 글쓰기

메모의 순간

김지원 지음

오월의봄

내 가슴에 가득히 차오르는 것을 말해야 한다. 그것도 빨리.
—알베르 카뮈[*]

오직 해가 밝게 빛나는 시간들만을 가리키는 해시계 문자판같이 나의 기억력이 기능하기를 비나니.
—미셸 투르니에[**]

---

[*] 《작가수첩 1》, 김화영 옮김, 책세상, 1998, 63쪽.
[**] 《외면일기》, 김화영 옮김, 현대문학, 2004, 158쪽.

〈 프롤로그 〉

욕망으로서의 메모

우리는 모든 것을 다 기억해야 할까?
'기억해야 한다'는 말은 무엇을 의미할까?

❖

내가 처음 '메모'라는 단어를 의식하게 된 계기는 사소한 것이었다. 그의 저작을 이해하는 것은 전공자가 아닌 이상에야 불가능에 가깝지만, 전 세계의 수많은 후세 사람들에 의해 엉뚱하게 메모법으로 각광받는 독일의 이론사회학자 니클라스 루만의 메모법을 정리한 《제텔카스텐》(숀케 아렌스)을 읽고서였다.

제텔카스텐이란 '서랍'이란 뜻의 독일어로, 니클라스 루만은 생전 거의 모든 책의 원고를 조각 메모를 통해 썼다고 한다. 여기서의 메모는 손바닥만 한 크기의 메모카드로, 그는 여기에 적은 메모를 서랍에 정리하고 구조화하며 한 권의 책으로 만들었다. 생전 80권이 넘는 독창적인 저서 및 막대한 양의 논문을 쓴 '비결'은 바로 이 제텔카스텐이라는 것이다.

통상 제텔카스텐 방법의 핵심은 메모들 사이의 '구조화'로 언급되곤 하는데, 이 때문에 제텔카스텐 '기법'이라며 온갖 휘황찬란한 구조화 방법이 동원된 애플리케이션, 강좌가 인기를 끈다. 꼭 제텔카스텐이 아니더라도, 유행하는 메모 관련 자기계발서(마치 SF 소설 표지처럼, 각종 단자에 연결된 전자 뇌가 커다랗게 그려진)를 볼 때면 묘한 감정이 들곤 했다. 아마도 그 핵심엔 이런 생각이 있었으리라.

'대부분의 사람들에게 애초에 시스템적인 구조화가 필요할 만큼의 생각이 있나?'

다소 무례하게 들릴 수 있는 질문이지만, 이 '사람들'에는 물론 나 역시 포함된다.

20세기 초반 미국에서의 과학적 가사관리학 유행에 대한 풍자가 떠오르기도 한다. 당시 뉴트렌드였던 과학적 가사관리학은 당근을 효율적으로 써는 방법을 개발해 드는 시간을 5분의 1로 줄였지만, 결과적으로 1년에 5시간을 절약하는 데 그쳤다. (그마저도 매 끼니를 당근으로단 해결한다는 가정하에서일 것이다.) 여하튼 조금 더 엄밀하게 풀어보자면 다음과 같은 질문이다. 그리고 이 질문은 줄곧 나의 머릿속을 떠돈다.

뇌리에 남을 정도가 아닌 '덜 인상적인' 이야기(정보값)를 왜 우리는 굳이 기억하려고 하는가? 그렇게 기억한 편린은 대관절 우리 삶에 어떤 종류의 도움이 되는가?

그 무렵부터 막연히 메모의 문제를 현대사회의 '생산성 강박'이랄지 '아카이브 피버'와 겹쳐 보게 되기 시작했다.

어쩌면 메모 열풍이란 오늘날 모종의 불모적인 정보 생산성 강박을 보여주는 현상은 아닐까. 메모는 정확히 문제적인 중간 지대에서 모든 강박을 아우르고 있다. (읽기 강박과 산출 강박.) 그리고 이 강박적 환상은 무한정하게 모든 것을 마법처럼 가능하게 해줄 듯한 기술에 의해 뒷받침되고 있다. 실은 모든 걸 기억하고 정리해서 저장한다는 게 불가능할뿐더러, 그렇게 하는 게 더체로 의미도 없음에도 불구하고 말이다.

나는 잘 잊는 편이다. 사람 얼굴부터 시작해서 방금 읽은 책의 구절, 인상적으로 봤던 영화의 줄거리, 수다, 좋다고 느꼈던 책의 특정 구절마저도 모두 다 쉽게 잊는다. 심지어 반전이 중요한 영화를 두 번 보고 두 번 깜짝 놀랄 수 있을 정도니 더 말할 것도 없다.

그 때문인지 과거에는 한동안 메모에 집착했다. 인상적인 조각들을 모두 다 그러모으려고 노력했고, 책을 읽고서 '남는 것'을 사수하기 위해 애써보기도 했다. 나는 조금이라도 빛나는 것이라면 사금파리 조각이든 사금이든 닥치는 대로 모아 둥지에 쌓아두는 까마귀처럼 잡동사니 메모들에 질식할 지경이 되어가고 있었다……

그렇게 오랫동안 메모를 적다가 문득 생각했다. 어쩌면 메모를 써가는 일에서 기억하기는 부차적인 것에 불과할지도 모른다고 말이다.

막연하게 아끼고 싶은 것을 가둬두려는 욕망 자체를 꾸짖고 싶은 마음은 없다. 나야말로 그런 불요하고 불가능한 일을 간절하게 원해온 사람이기 때문이다. 그 갈망의 정도는 아마 바로 이 책, 다시 말해 메모에 대해 무려 한 권의 책을 써낸 것이 그 증거가 될 수 있겠다. 나야말로 모든 가능성으로 향하는 문을 닫는 것이 더없이 초조해, 언제 써먹을지 모를 메모들을 한 아름 끌어안고 있는 극도의 메모 강박자다.

나는 아직까지 나의 깊은 메모 아카이브를 가늠해보려는 생각을 해본 적이 없다. 수없이 많은 독서 기록 파일이 있지만 그걸 '종이로 출력'해 뿌듯하게 지니고 두고두고 바라보겠다는 생각이라든지, 모든 메모에 넘버링을 하며 1년에 몇 권이나 읽어가고 있는지 직관적으로 바라보겠다든지 하는 종류의 생각을 해본 일도 없다. 이유는 단순히 초반에 넘버링하는 걸 그냥 깜빡했기 때문도 있지만, 깜빡했다는 사실을 문득 알아차리고 나서도 그게 그다지 쓸모가 없으리라는 사실을 눈치 챘기에 지금까지처럼 '대충대충' 하지만 '치열하게' 머무르고 지속하기로 결정했기 따문이다.

사람은 살아가는 이상 무언가에 집착할 수밖에 없다. 그리고 집착과 강박이 항상 나쁜 것도 아니다. 오늘날 많은 이가 겪고 있는 '정보 강박'은 그저 보따리에 싸서 대문 밖에 내버리고 말끔히 치료해야 할 병증도, 그저 건조하게 고집을 부려야 할 일도 아니다. 이곳은 응당 우리 각자의 몫의 섬세함과 노력을 들여 투쟁해야 할 전장이다. 그 안에서 우리 각자는 무엇을 바라보고 있는가?

나의 메모는 어쩔 수 없이 잡동사니다. 나의 책장은 잡동사니다. 양은 적지만 대체로 고풍스럽지도 않고, 가꿔지지도 않았다. 아무거나 적힌 '뜯을 수 있는' 일력 뒷면 낙서에 가깝다. 나는 앞으로 이 잡동사니와 함께 어떻게 살아갈 것인가? 나의 직업은 잡동사니 수집가가 될 것인가? 아니면 혹은 다른 무언가가 될 수 있을까?

나의 메모장은 뒤죽박죽 엉망진창이다. 모아둔 인용의 맥락도 두서없다. 1920년대 한국 수필과 저널리즘 학술서, 소설, 해외의 사회과학서, 기묘한 습성에 대한 논픽션, 어디에 꽂힐지 망설일 수밖에 없는 종류의 책…… 4년여 동안 기묘한 형식의 뉴스레터 〈인스피아〉를 발행하고 강박에 가까운 독서 메모 습관을 지닌 탓이다. 어떤 글을 볼 때마다, 어떤 풍경을 볼 때마다 텍스트 저장 강박자의 뇌리에는 곧바로 인용할 수 있는 낡은 종잇장들이 부스스 고개를 든다. 하지만 번번이 읽는 이를 질겁시키지 않으려면 메모들을 손등으로 탈탈 털어내야 하기 때문에, 자의 반 타의 반으로 강박을 조절할 수 있었다.

그런데 재밌는 건, 이것이 내가 21세기를 살아가고 있기 때문에 겪어야 할 숙명은 아니라는 사실이다. 세상에 읽을 것은—그것이 좋은 것이든 나쁜 것이든—과하지 않은 적이 없다.

과거 알베르토 망겔은 "워드 프로세서의 기억력의 도움으로 나는 저 유명한 나의 선조들보다 더 정확하게(정확성이 중요하다면) 그리고 더 많은 양을(양이 가치 있는 것이라면) 기억할 수 있지만, 수많은 해설 가운데서 중요도를 판단하고 결론을 도출하는 일은 여전히 내 몫으로 남아 있다"*라고 말했다. 이 대목에서 흥미로운 부분은 역시 "중요도를 판단하고 결론을 도출하는 일"보다는 괄호 안에 담겨 있는 반어법이다.

❖

나는 메모란 결국 무언가를 하기 위한 것과 그렇지 않은 것 사이에 존재하는 지대라고 생각한다.

무언가를 적극적으로 하는 사람들은 무언가를 하기 위해 메모를 모을 것이다. 영화감독이라면 영화에 넣을 만한 것들을 갈무리해둘 것이고, 소설가라면 소설에 쓸 만한 것들을 갈무리할 것이며, 기자라면 기사로 쓸 내용을 준비하면서 메모를 해갈 것이다. 대체로 결국 메모는 메모로서 끝나는 것이 아니라 무언가로 화化하기 위한 것이다. 우리는 그런 것을 '감안하고' 메모를 해갈 수 있다. 이런 메모는 꽤 실용적이며, 나 역시 특정 프로젝트를 할 때에는 이같이 메

---

* 알베르토 망구엘, 《독서의 역사》, 정명진 옮김, 세종서적, 2016, 95쪽.

모를 적기도 한다.

하지만 내가 이 책에서 말하려는 것은 엄밀히 말하면 이런 메모에 대한 이야기는 아니다. 그보다 나는 무언가가 굳이 될 필요가(의도가) 없는 메모, 무용한 메모에 무한한 호감을 갖는다. 그냥 별 이유 없이, 불현듯 쓰지 않고는 못 배기는 메모다. 어쩌면 이런 메모는 통상 사람들이 생각하는 구조화, 시스템화된 '메모'라기보다는 잡동사니 '일기'나 '앨범'에 가까운 것일 수도 있겠다. 하지만 이런 메모는 쓰는 사람을 충분히 어떤 지점에 머무르게 하고, 음미하게 하고, 그 가운데 일부를 (부)자연스러운 방식으로 각인시켜 의미 있는 기억이 될 수 있게 한다.

이러한 메모는 내가 무엇이 될 것인가, 내 손에서 무엇이 태어날 것인가보다도 내가 무언가를 쓰고 있다는 사실(없음과 있음의 사이) 자체에 순전한 즐거움, 쾌감을 느끼는 사람들의 메모이다. 메모를 쓰는 순간, 눕힌 종이와 긁적이는 펜 사이에서 조금씩 나도 몰랐던 어떤 세상의 모서리, 면모가 슬쩍 흐릿하게 모습을 드러낸다. 이런 메모는 대체로 중언부언하고, 흐릿하고, 의미를 알기 어렵지만 그럼에도 쓴 사람의 정신에 꼭 맞게 붙어 있다. 또한 쓰는 사람에게 그 사람의 욕망과 막연한 질문, 편견을 드러내 보여주는 역할을 하기도 한다.

물론 실용적인 메모와 무용한 메모는 무 자르듯 나뉘지 않지만, 애초에 메모와 메모가 아닌 것 사이의 경계조차 모호하다.

글의 완성이란 무엇인가? 글에는 완성이 존재할 수 있는가? 완성이 존재할 필요가 없다고 말하는 게 아니다. 완성의 형태는 다양할 수 있다. 어떤 종류의 책들은 쓰이기 이전부터 나름의 각오를 갖고 있을 테지만, 그 각오가 반드시 의식적이며 목적지향적이지는 않을 수도 있다. 많은 책들은 단지 '책이 될 생각'으로 쓰인 가지런한 정돈물이 아니다. 순간순간을 전심으로 감각하고, 관찰하고, 헤매고, 맴돌고, 지속적으로 돌파해간 궤적이다.

로베르트 발저가 말년에 쓴, 이면지 뒤에 재알 같은 연필 글씨로 읽기도 어렵게 쓴 마이크로그램들은 '책'이 될 의도가 있었을까? 세라 망구소의 《300개의 단상》은 단상들의 모음에 불과한가? 카프카의 《일기》는 완성된 작품인가? 김현의 《행복한 책읽기》는 일기인가, 평론인가, 메모인가? 롤랑 바르트의 《소소한 사건들》 속 글들은 덜된 소설 파편 혹은 작품이 되지 못한 메모인가? 에밀 시오랑의 아포리즘들은 '책'인가? 록산 게이가 10년간 《뉴욕 타임스》에 써온 뜨거운 칼럼들을 모은 책은 그가 '책을 쓴다는 감각'으로 쓴 글들인가? 발터 벤야민의 《일방통행로/사유이미지》는 차라리 메모 더미에 가깝지 않은가? 존 치버의 일기와 그의 '작품'들에는 어떤 차이가 있는가? 페르난두 페소아의 《불안의 서》는 '완성품'인가? 저자의 사후에 나온, 그 많은 편집되지 않았던 메모의 더미—장르 이전의 장르—는 정확하게 어떤 순간에, 어떤 방식으로 쓰인 것인가? 많은 책의 탄생은 사후적이었고, 그 이전에는 순전한 순간에의 주목, 가장 솔직한 메모들이 존재했다.

이 책에 담긴 글들 역시 처음부터 조직하고 쓴 글들이 아니라 수년간 메모-읽기, 쓰기와 관련해 틈틈이 고민해왔던 내용의 조각들이다. 여기에 모인 참고문헌들은 대중이 없는데, 이 역시 내가 작정하고 '메모/읽기'에 대한 문헌을 모아 그것을 연구해서 이 책을 쓴 것이 아니라, 평소에 무엇을 보든지 간에 줄곧 읽기-쓰기 행위와 메모에 대한 고민을 해왔고 그것을 담아냈기 때문이다. 즉, 이 책은 그 자체로 나의 잡동사니를 고민해온 나의 잡동사니적 궤적이기도 하다.

또한 그간 나의 오랜 고민은 읽기와 쓰기 사이의 지대에 대한 것이었다. 독자는 과연 수동적인가? 우리는 읽기와 쓰기를 어디까지 따로 나뉜 것으로 생각해야 하는가? 이 때문에 이 책에서는 무언가를 쓰는 독자, 혹은 무언가를 읽는 필자에 대해서도 이야기해볼 텐데, 이는 결코 메모와 무관하지 않다.

❖

나는 이 책의 장르를 무엇으로 할지, 형식을 어떻게 구성할지 오랫동안 고심했다. 처음엔 '메모의 역사'를 다루고 정리하며 적절히 논평을 하면 되지 않을까 생각하기도 했다. 거기에 약간의 자기계발서적인 메모법을 덧붙여도 좋으리라. 하지만 나는 그런 방식의 접근으로는 쓰는 일이 도무지 재미가 없을 것 같았다.

그 대신 내가 오래전부터 주목해온 읽기와 쓰기 사이에 있는 그 애매한 지대, 누군가가 무언가를 애써 붙잡으려는 그 안개 같은 무언가 그리고 관찰 혹은 기억을 글로 종이에 눌러가는 과정, 응시하고 머무르는 것, 낚아채고 기억에 남게 되는 과정, 순간, 그것과 관련한 사소하고 풍성한 이야깃거리에 집중해보고자 했다. 이 책으로 나는 미약하게나마 메모를 재발견하고 싶었다.

〈 차례 〉

프롤로그 | 욕망으로서의 메모 7

1. 메모적 쓰기와 즐거움 21
2. 서간문이라는 메모 31
3. 더 많은 걸 기억해야 한다는 강박 51
4. 쓸모없는 메모의 지대 81
5. 딴짓하는 읽기/메모 95
6. 메모의 운명과 잠재력 117
7. 달아올랐을 때 쳐라 145
8. 자유롭게 붙들린다는 것 153

9.	책이라는 메모 뭉치	163
10.	인용이라는 머무름에 대한 단상	175
11.	읽기의 능동적 수동성	189
12.	여백에 낙서하기: 무한 확장하는 마지네일리아의 세계	203
13.	메모를 하는 어중간한 포즈	217
14.	SNS는 메모가 될 수 있는가?	225
15.	어찌 됐든, 무엇이든 계속 써간다는 것: 책이 되지 않는 메모들에 대하여	235

에필로그 | 머무르고 잡아채기   247

1. 메모적 쓰기와 즐거움

미지의 욕망과 모험의 세계를 일단 철없이 맘껏 떠돌아다니고 싶어 한다. 이것이 대체로 메모꾼들의 모습이다.

메모란 써서 남기는 기록이다.

우리는 먼저 기록의 두 가지 시제에 주목해볼 수 있다.

남기다(미래)와 쓰다(현재).

❖

월터 J. 옹은 《구술문화와 문자문화》에서 문자문화의 가장 큰 특징으로 '기억 보존'을 들었다. 구술만 존재하는 문화권에서 아무도 기억하지 못하는 사실은 곧 세상에 없었던 것이나 마찬가지이다. 이 때문에 공동체의 서사를 당대에 공유하고 또한 나아가 후세에 전할 구전 이야기꾼의 존재가 무엇보다도 중요했다. 서아프리카의 그리오Griot는 공동체의 족보, 역사, 문화적 지식을 세대를 넘어 전달하는 이야기꾼의 역할을 한다. 말리의 역사가이자 인류학자인 아마두 함파테 바는 "음유시인 그리오가 죽으면 도서관 하나가 사라진다"고 말했다.

하지만 기억을 보존하려는 것은 공동체를 위한 것인 동시에 개인 차원의 욕망과 필요이기도 했다. 집단뿐 아니라 개인들도 자신의 과거를 기억하여 복기하고, 또 약간의 욕심이 더해진다면 죽고 나서까지 자신의 삶의 조각들이 미래로 연결되기를 원했다. 동서고금을 막론한 비망록의 전통이 그것을 보여준다.

비망록의 한 유형으로 14세기 중반 무렵 처음 등장한 이탈리아의 지발도네Zibaldone는 자신이 직접 경험한 것에 대한 회고록 외에도 어디선가 보고 들은 인상적인 정보, 지식, 기억할 만한 것들, 나누고 싶은 유익한 이야기들을 베껴두고 남기려는 시도를 포함했다. 이는 개인의 기억력을 보충하기 위한 목적을 넘어 가문 차원에서 후세로 전달되기도 했다.

하지만 메모를 단순히 미래에 남기기 위한 것이라고만 본다면 메모의 '현재적' 속성을 지나치게 간과하게 된다.

많은 사람들은 나중에 무언가를 남기기 위해서도 썼지

만, 그냥 단순히 왠지 모르게 써야 할 것 같다고 생각했기 때문에도 썼다. 아니, 의무의 차원이라기보다는 때로 그냥 '바로 이 순간'에 쓰고 싶어서 못 견딜 것 같았기 때문에, 쓰는 게 즐거워서 썼다.

즐겁게, 숨 가쁘게 메모를 휘갈기는 순간에는 그것이 무엇이 될지 자신조차도 알지 못한다. 그러나 그 순간의 쓰는 기세만큼은 대단하다. 나는 이 메모의 '쓰다'라는 동사, 그리고 그 생성 자체의 즐거움과 가치가 과소평가되고 있다는 사실이 어쩌면 오늘날 읽기와 쓰기를 둘러싼 많은 문제의 근원이 아닐까 생각해보곤 한다.

글이란 책상에서 쓰이는 것, 책상 아닌 곳에서 쓰이는 것 두 갈래로 나뉜다고 볼 수 있다. 하지만 이 두 종류의 글쓰기는 그다지 동등한 취급을 받지는 못해왔던 것 같다. 책상 아닌 곳에서 쓰이는 글들은 책상에서 쓰이기 이전의 단계, 준비물, 조잡한 잡동사니들로 취급받곤 한다. 메모의 구체적인 정의는 존재하지 않지단, 대체로 책상 아닌 곳에서 (아무렇게나) 쓰이는 이런 것들이 메모라고 불려왔다.

많은 작가들(특히 소설가)은 '엉덩이를 붙이고 몇 시간이고 꾸준히 써 내려가는 힘'을 강조해왔다. 《계속 쓰기》를 쓴 소설가 대니 샤피로는 "하루에 세 쪽, 일주일에 닷새. …… 아침나절 대부분을 세 쪽을 쓰면서 보내고, 오후에 다시 살펴보"*는 루틴을 작가 인생에서 지켜왔다고 한다. 그는 말한다. "저는 날마다 같은 시간에 자리에 앉아 영감의 길목에 저를 내려놔요".** 그레이엄 그린 역시 매일 500단어 혹은 노트 한 쪽을 목표로 쓰는 습관을 들였다. 과거 한 작가는 한 달에 30쪽 정도 되는 공책을 꼭 채우는 것을 목표로 삼으며 글을 썼다는데, 만약 한 달의 끝이 이틀 남은 상황에서 한 달 동안 세 쪽밖에 못 썼다면 남은 이틀간 20쪽을 넘게 채운다고 했다. 변제해야 할 빚의 힘으로 생전 경악스러울 정도의 생산력을 보였던 오노레 드 발자크는 수도사 복장을 하고 막대한 양의 블랙커피를 마시며 하루 종일 글을 썼다. 프루스트는 작업에 방해되는 그 어떤 자극과 변화도 차단하기 위해 작업실 벽면을 흡음재로 둘러막고 집필하는 동안에는 골방에서 크루아상 몇 조각만으로 식사를 했다고 한다. 글 쓰는 삶에 대해 한 권 분량의 글을 쓴 애니 딜러드는 "작가의 삶이 감각의 박탈 상태에 이

---

* 대니 샤피로, 《계속 쓰기》, 한유주 옮김, 마티, 2022, 144쪽.
** 같은 책, 75쪽.

를 정도로 활기 없다는 것에 대해 놀랄 사람은 아무도 없을 것"이라며 "작가들이 하는 일이란 그저 작은 방에 앉아서 진짜 세상을 회상하는 것"이라고 말하기도 했다.*** 그는 글을 쓰기 위해 '세상이 방으로 들어오지 못하도록' 창문의 블라인드를 내렸으며, 창문 대신 그 자리에 풍경 그림을 걸어놓고 싶어 했다.

한편, 어떤 작가들은 책상보다 거리나 다른 곳에서 쓰기를 선호하기도 했다.

책상에 진득하게 앉아 있을 시간이 부족했다든지 의자를 싫어한다든지 등 여러 이유가 있겠지만, 대체로 어떤 이들은 글을 쓰기 위해서 바깥으로 너던져져 자아와 세계가 뒤엉킬 필요가 있었기 때문이다. 주로 이런 틈새에서 나온 글들을 나는 '메모적 쓰기'라고 부르고 싶다.

사후 유품으로 낡은 타자기와 몇몇 옷가지만을 남긴 스위스 작가 로베르트 발저는 평생의 삶이 대체로 걷기와 쓰기로만 이루어진 인물이었다. 발저는 산책을 하면서 관찰한 내용을 자유롭게 메모했다. 그가 산책을 하면서—길 위에서—약 20년에 걸쳐 쓴 산문들을 모은 《산책자》는 상당수의 글들이 중심이 없고 반사적이고 연속적인 관찰-메

*** 애니 딜러드, 《창조적 글쓰기》, 이미선 옮김, 공존, 2008, 67쪽.

모로 이루어져 있다. 발저는 반쯤은 자신에게 정신이 팔려 있고 반쯤은 관찰을 하는 어중간한 태도가 아니라, 온 정신과 애정을 외부 세계로 흠뻑 쏟을 때 비로소 진정한 산책이 가능하다고 주장하며 《산책자》에서 다음과 같이 말했다.

> 산책은 …… 나에게 무조건 필요한 겁니다. 나를 살게 하고, 나에게 살아 있는 세계와의 연결을 유지시켜주는 수단이니까요. 그 세계를 느끼지 못하면 단 한 글자도 쓸 수가 없고, 단 한 줄의 시나 산문도 내 입에서 흘러나오지 못할 겁니다. …… 특별한 목적지 없이 발길 닿는 대로 돌아다니는 산책을 하다보면 수천 가지 생각이 머리에 떠오르는데, 그것이 내게는 얼마나 아름답고 유용하고 쓸모 있는 일인지 모릅니다. 반면에 집에 틀어박혀 있으면 말라죽은 식물처럼 한없이 처량할 뿐이지요. …… 산책자는 사물을 오직 바라보고 응시하는 행위 속에서 자신을 잊을 줄 알아야 합니다.*

부두 노동자이자 철학자인 에릭 호퍼 역시 책상보다는

---

* 로베르트 발저, 《산책자》, 배수아 옮김, 한겨레출판, 2024, 339~342쪽.

길 위를 선호하는 작가였다. 그는 평생 글쓰기를 본업으로 삼지 않고 육체노동을 하는 틈틈이 글을 썼다. 그는 1970년대 한 인터뷰에서 자신의 사유 자세의 핵심은 "머리를 아래로, 엉덩이를 위로 하는 것"이라고 말했다.

> 한평생 나는 모든 사색을 분주히 돌아다니면서 해왔습니다. 번쩍이는 모든 생각들은 일을 하던 중에 떠오른 것들입니다. 나는 따분하고 반복적인 일터에서 일하는 경험을 즐기곤 했지요. 파트너에게 이야기를 하면서 머리 뒤쪽에서 문장을 짜맞추었던 거지요. …… 아마 머리를 아래로, 엉덩이를 위로 하는 것이 사유의 가장 좋은 자세일 겁니다. 동시에 두 방향으로 끌어당기는 것은 영혼의 스트레칭이라고 할 수 있습니다. 그 방법은 아주 생산적이지요.**

비트 세대의 대표 작가 잭 케루악은 소설 《길 위에서》를 제목 그대로 길 위에서 썼다. 여행 중에 겪은 경험이나 거리에서 쓴 메모들이 작품의 바탕이 되었으며, 휴대용 타

** 에릭 호퍼, 《에릭 호퍼, 길 위의 철학자》, 방대수 옮김, 이다미디어, 2005, 175~176쪽.

자기를 이용해 이동 중에도 끊임없이 글을 썼다. 수전 손택은 항상 노트를 가지고 다니며 비행기, 거리, 카페 등에서 떠오르는 영감을 메모했는데 그는 생전 이러한 자신의 메모를 체계화한 결과물이 에세이라고 말했다. 이탈리아의 기호학자 움베르토 에코는 약 30년간 고정 칼럼('미네르바의 성냥갑')을 주간지에 연재하면서도 세계 곳곳에서 열리는 학회에 참석하고, 각종 소설과 에세이 등을 정력적으로 집필했다. 대체 어떻게 그렇게 많은 지식을 섭렵하고 막대한 양의 글을 쓸 수 있냐는 기자의 질문에 이렇게 대답했다고 한다. "엘리베이터를 타고 올라가는 3분간 쓰죠."*

거리가 아닌 작업실이라고 할지라도 책상이 아닌 곳에서 작업할 수 있다.

생전 스스로 곤충학자보다는 박물학자로 불리길 원했던 장 앙리 파브르는 하루 종일 자연을 걸으며 그 안에서 관찰하고 기록하는 일만을 반복하며 살기 위해 일찍이 일체의 사회적 삶에서 물러났다. 그의 수십 년 인생은 오직 곤충을 관찰하고 메모하는 것만으로 단순하게 이루어졌다. 물론 관찰을 하고 그 결과 메모 더미가 쌓이면 이를 하나의

---

* Mukund Padmanabhan, "I am a professor who writes novels on Sundays", *The Hindu*, 2005.10.23.

'작품'으로 만들기 위한 작업은 필요했다. 그런데 기이하게도 파브르는 머릿속에 생각이 가득하더라도 결코 책상에 머물러서 글을 쓰지 못했다고 한다. 파브르는 "가만히 앉아서 팔다리를 늘어놓고 손에 펜을 주고 앞에 있는 빈 종이를 보면 갑자기 모든 기능이 마비된 것처럼 보였다". 그는 오직 30년 넘게 실험실에 놓인 "커다란 탁자 주위를 회전목마처럼 끈기 있게 빙글빙글 돌"면서만 글을 쓸 수 있었다.**
이는 그저 엉뚱한 기벽에 불과한 것일까?

어쩌면 파브르는 자신 안에 갇힘이라는 감각을 잠시도 견디지 못했던 게 아닐까. 파브르에게는 탁자 주위를 빙글빙글 도는 그 움직임 자체가 책상의 정지 상태가 줄 수 없는 어떤 종류의 바깥으로 향하려는 힘(관찰력, 원심력)과 내부로 향하려는 힘(자신 안으로의 침잠, 구심력) 사이의 미묘한 긴장에서 나오는 리듬을 부여했을지 모를 일이다.

내가 메모적 쓰기를 중요하게 생각하는 이유는 그 순

** 조르주 빅토르 르그로, 《위대한 관찰》, 김숲 옮김, 휴머니스트, 2024, 260~261쪽.

간이 순전한 즐거움으로 이루어져 있기 때문이다. 그것들을 체계화하고 기어이 하나의 '완결된 작품'으로 묶어내기 위해 책상에 앉아 있는 순간은 어찌 됐든 간에 지난하고 괴롭기 마련이지만, 메모적 쓰기에 조금 더 집착하는 이들은 자신의 쾌락을 위해 그런 괴로운 업무 따위는 자신의 메모 더미 안에서 허우적대야 할 전기 작가와 후대의 아카이브 정리자, 편집자의 노고로 떠맡기고 자기는 미지의 욕망과 모험의 세계를 일단 철없이 맘껏 떠돌아다니고 싶어 한다. 이것이 대체로 메모꾼들의 모습이다.

2.   　　　서간문이라는 메모

**'쓰기의 즐거움'이란 오늘날 글쓰기 자동기계
(생성형 인공지능)가 주목하지 않는 유일한
부분이기도 하다.**

　　메모적 쓰기의 핵심은 오늘날 일반적으로 통용되는 박제를 위한 데이터 아카이브로서의 생산성 메모보다는 서간문 전통(혹은 일기)에 더 진하게 남아 있다고 볼 수 있다. 이런 글들은 대체로 형태나 분류 혹은 목적을 전혀 정해두지 않고서, 정말로 어떤 차원에서든 쓰고 싶은 마음 하나에서 우러나온 글들이기 때문이다. '쓰기의 즐거움'이란 오늘날 글쓰기 자동기계(생성형 인공지능)가 주목하지 않는 유일한 부분이기도 하다. 그리고 서간문의 전통에서 핵심이 되는 부분이 바로 쓰기의 즐거움이다.

　　서간문에도 다양한 형태와 층위가 존재하겠지만, 기본적으로 서간문은 누군가에게 반드시 읽히리라는 기대와 즐거움을 갖고 쓰이는 글이다. 여기서의 즐거움은 자신의 글이 실제로 누군가에게 기어이 읽히는 순간을 상상하는 필자로서의 즐거움이자, 그 글로 자신이 예상치 못한 또 다른 글(답장)을 받을 수 있으리라는 독자로서의 즐거움이다.

우리는 통상 서간문이라고 하면 안부를 묻는 글이나 일상적인 글들을 단지 종이 위에 얹어놓은 것을 떠올리지만, 사실 과거 서간문과 그냥 글 사이의 경계는 지극히 모호했다. 무엇보다 서간문은 지금처럼 글의 장르가 다양화, 전문화되기 전에 많은 인쇄본을 탄생시킨 요람 같은 것이었다.

영문학자 존 멀런John Mullan에 따르면 18세기에는 거의 모든 문학 창작 장르가 편지 형식으로 먼저 나타났다. 여행기, 외설 문학, 정치 논쟁, 철학 관련 저작, 심지어 시까지 기본적으로는 편지 형식을 취하고 있었다. 새뮤얼 존슨이나 알렉산더 포프, 조너선 스위프트 등은 생전 자신의 서간문이 책으로 출판될 것을 감안하고 편지를 쓰기도 했다. 하지만 그렇다고 해서 서간문이 가진 환대의 성격과 진실성이 크게 침해된 것은 아니다. 출간을 염두에 두더라도 여전히 대다수의 사람들은 받는 사람의 얼굴을 구체적으로 그리며 편지를 썼다. 그리고 재밌게도 그 당시 '편지를 잘 쓰는 법'과 관련된 글들을 읽어보면 사실상 '글을 잘 쓰는 법'

과 크게 다르지 않다. 영국 작가 루이스 캐럴은 〈편지 쓰기에 대한 여덟아홉 가지 조언〉이라는 제목의 소책자에서 편지 쓰는 방법에 대해 이렇게 말했다.

> 읽기 쉽게 써라. ……
> 특정 사안을 언급한다면, 갈등을 피하도록 그 말들을 정확히 인용하라. 논란이 있다면, 같은 일이 되풀이되지 않도록 주의하라. 친구의 기분을 상하게 만들 내용을 쓴다면, 하루 동안 편지를 밀쳐놨다가 수취인 입장에서 읽어 보라. 그러면 대개 편지를 처음부터 다시 쓰게 될 것이다. 언짢은 말투와 신랄한 비평을 많이 없애그, 다정다감한 어조로 말이다.[*]

정보이기 이전에 서간문적 손성을 핵심이 품고 있었던 건 과거의 언론이나 학술 논문도 마찬가지였다.

오늘날처럼 취재기자를 직접 고용하고 사건 위주의 단문을 싣는 매스미디어로서의 언론의 시대(19세기 말~) 이전, 많은 사람들은 소책자나 소식지를 통해 세상 돌아가는

---

[*] 사이먼 가필드, 《투 더 레터》, 김영소 옮김, 아날로그(글담), 2018, 360쪽에서 재인용.

소식을 들을 수 있었다. 17세기 영국에선 인맥이 넓은 신사 존 체임벌린이 자신의 지인, 친구들을 위해 런던의 풍문들을 수집해 맥락을 짚어주는 소식지를 발행했고, 연회비를 받고서 구독자들에게 주간 소식지를 보내주는 서비스도 생겨나기 시작했다. 비록 다수를 향해 보내는 '편지'였지만, 편지 작가들은 때론 구독자의 필요나 관심사에 따라 내용을 조금씩 달리하기도 하고, 공통되는 부분을 대서인에게 필사하도록 시킨 다음 거기에 개성적인 논평과 친근한 호명, 장식을 덧붙이기도 했다고 한다.*

이처럼 정보성 글에도 독자를 향한 '친근감'을 고려하는 자연스러운 전통은 더 이전으로도 거슬러 올라갈 수 있는데, 로마의 카이사르가 만들고 기원후 3세기까지 발행된 관보 〈악타 디우르나acta diurna〉엔 법안 사본, 공휴일, 출생, 사망, 이혼 등의 다양한 정보들이 실려 있었다. 망명생활 중이던 키케로는 로마에 있는 친구에게 〈악타〉의 내용을 편지와 함께 전해달라고 요청했는데, 그가 정말로 〈악타〉의 내용만을 고스란히 필사해 보내자 시무룩해졌다. 그는 '사실관계'만을 원한 게 아니라, 로마에 있는 친구만이 쓸

---

* 톰 스탠디지, 《소셜 미디어 2000년》, 노승영 옮김, 열린책들, 2015, 134~136쪽 참고.

수 있는 직접 논평과 풍문, 맥락을 풍부하게 덧붙인 버전을 원했던 것이다.**

논문도 비슷했다. 역사학자 앤서니 그래프턴은 저서 《편지 공화국》에서 16~18세기 유럽을 '편지 공화국'이라고 지칭한다. 흥미로운 점은, 이 책을 '편지'에 대한 내용을 읽게 될 것이라는 기대로 집어 들 경우 전혀 다른 내용에 당황하게 된다는 사실이다. 이 책에서 다루는 편지란 대체로 오늘날의 학술 논문, 보고서, 계간지에 실리는 아티클들을 말하고 있다. 오늘날에 막대하게 쏟아져 나오는 학술 논문들 가운데 상당수는 '피인용 0'의 상태로 불모의 삶을 마감하지만, 앤서니 그래프턴에 따르면 학술계가 규격화, 시스템화되기 전—즉 '편지 공화국'이었던 시절—에는 적어도 그 내용이 누군가에게 실제로 읽히리라고 그리고 응답을 받으리라고 기대할 수 있었고, 실제로 그런 즐거움과 기대를 가지고 편지이자 논문인 글들이 쓰였다.

편지 공화국의 후발 주자로 그 네트워크를 가장 잘 활용한 인물 중 하나인 찰스 다윈은 생전에 각국의 다양한 관심사와 전공을 지닌 200여 명의 학자와 거의 평생 꾸준히 편지를 통해 생각을 교류한 것으로 유명하다.

** 같은 책, 53~54쪽.

이처럼 각국을 연결하는 항로, 우편 시스템의 발전으로 가상의 토지 위에 세워진 국경 없고 학문적 경계 없는 '편지 공화국'은 아이러니하게도 오늘날에 비해 훨씬 더 실질적이고 다양한 소통의 장이 되었다. 이에 반해 오늘날은 '데이터를 이야기하지만, 지식은 이야기하지 않는 시대'라고 앤서니 그래프턴은 한탄한다. 지식 생태계란 그저 데이터를 잔뜩 쌓아둔다고 해서 저절로 풍요로워지는 것이 아니기 때문이다.

앤서니 그래프턴은 세계의 모든 책을 색인화하는 구글 라이브러리 프로젝트에 대해 "아직 인간의 손이나 정신이 닿지 않는 텍스트를 세계의 독자들에게 쏟아내는 거대한 소방호스처럼 기능"*할 뿐이며, 오늘날에도 여전히 지식을 활용해 "가장 아름다운 모자이크"를 만들어내기 위해서는 고전적인 필사본, 서적이 필요할 것이라고 전망한다.** 여기서의 서적이란 단지 물질적 의미를 넘어, 오랜 세월 동안 문자를 경유하여 신실하게 읽고 쓰고 소통해온 이들의 공동체를 일컫는 것이리라.

---

*   앤서니 그래프턴, 《편지 공화국》, 강주헌 옮김, 21세기북스, 2021, 511~512쪽.
** 같은 책, 541쪽.

❖

 사실 서간문을 '오직 수신자를 위한 글쓰기'라고 하는 것 역시 오해일 가능성이 크다. 실은 훨씬 더 메모적인 방식으로, 그 순간에 떠올린 이야깃거리에 살을 붙여가는 방식으로 필자들은 편지를 썼다. 즉, 상대를 위한 글쓰기라기보다는 자신을 위한 글쓰기였다.

 우리는 많은 유명 작가들의 서간문들을 읽으면서 생각보다 많은 내용이 '자기중심적'이라는 데 놀라게 된다. 어떤 작가들은 현재 쓰고 있는 글의 진행이 막혔다는 이유로 거의 편지의 처음부터 끝까지 자기 글 얘기만 하다가(!) 갑자기 편지를 끝내기도 하고, 어떤 이들은 최근 자신이 겪은 경험과 고뇌에 대한 이야기를 마치 'Dear. Diary' 아래에 쓰듯이 줄줄이 길게 늘어놓기도 한다.

 롤랑 바르트는 십 대 시절부터 돈독한 관계를 유지해 온 그의 친구 필리프 르베이롤에게 보내는 서간문에서 여러 차례 비슷한 표현을 반복한다.

> …… 나는 기벽이 생기면 이것을 모든 사람에게 말하고 싶어 하는 집착증이 있는 늙은이 같네. ……
> 세 쪽에 걸친 나의 횡설수설과 이기주의격 태도를 용서

하게.*

이 편지에 자네가 원하는 내용이 담겨 있지 않더라도 나를 원망하지 말게. 하지만 내 우정을 부인할 수는 없을 걸세.**

바르트는 짧게 "진부한 몇몇 사실들을 전하기 위해 몇 자 적어"*** 보내느니 차라리 오랫동안 편지를 쓰지 않는 쪽을 택했다. 이는 단지 수신자에 대한 '배려'의 차원은 아니었다. 만약 수신자를 배려하는 것만이 목적이었다면 그는 꼭 필요하고 상대의 마음에 쏙 들 법한 이야기들만을 편지에 담았을 것이다. 하지만 그는 편지의 상당 부분을 자신의 현재 상태와 자신이 읽은 책에서 인상 깊었던 구절, 전날 영화관에서 나와 집으로 돌아가는 길에 등대에 들러 한 생각의 타래 등을 풀어내며 길게 채운다. 어쩌면 이런 종류의 편지에서 안부를 묻는다든지 언제 만날지 약속을 잡는다든지 하는 등의 '실용적인 용건'은 단지 기나긴 편지를 쓰기 위해 책상에 앉을 구실에 불과했을 것이다. 오히려 마침

---

* 롤랑 바르트, 《바르트의 편지들》, 변광배·김중현 옮김, 글항아리, 2020, 44~45쪽.
** 같은 책, 132쪽.
*** 같은 책, 68쪽.

내 마음속에 글이 차올라 뭐든 그냥 간절하게 쓰고 싶었기 때문에 용건을 만들어내는 일도 있지 않았을까.

이러한 수다스럽고 자기중심적인 편지는 단지 바르트 같은 작가, 학자의 기이한 습벽만은 아닌데, 비비언 고닉은 자신의 어머니가 젊었던 시절 낮 동안 베이커리 도매상 경리팀에서 종일 함께 근무하던 팀장 레빈슨씨와 주고받았던 편지에 대해 쓴다. 레빈슨씨는 하루 종일 그녀와 함께 근무하고서도, 일이 끝나고 난 뒤 홀로 책상에 앉아 거의 매일같이 고닉의 어머니에게 기나긴 편지를 썼다. 이 편지에는 실용적인 용건, 대화로는 불가능한 온갖 잡동사니, 표찰을 붙일 수 없는 잡탕적인 즐거움이 가득 담겨 있었다.

비비언 고닉은 다락방의 구두 상자 안에 담겨 있던 레빈슨씨의 편지들을 살펴보고 다음과 같이 말한다.

이 편지들은 분위기와 내용에 있어 놀랄 만큼 다채로웠다. ……

…… 주제가(즉, 편지를 쓰는 이유가) 있었지만, 그는 거리낌 없이 횡설수설하고, 곁다리로 빠지고, 눈에 들어오는 모든 것을 묘사하고, 기분의 변화가 살짝만 끌어당겨도 가만히 있지 못하고 끌려갔다(편지들 속에서 그는 한숨을 내쉬고, 그리워하고, 비난을 퍼붓는다). 편지를 쓸 때 그는 시

인의 황홀감에 잠긴 채 스스로를 홀로 세상 속에 두었다.*

하지만 점차 신문, 저가 인쇄물 등 불특정 다수를 향해 저렴하게 '일방적으로 외칠 수 있는' 수단이 늘어나면서 명성을 원하는 저자에게 오직 한 사람에게만 말하는 서간문의 효용은 점차 떨어지기 시작했다. 학자와 저자들은 이제 구체적인 독자/청자를 상정하지 않은 공개적인 논평, 라디오 토론, 칼럼 등을 통해 먼발치에서 서로의 얼굴을 덜 의식한 채 교류하게 되었다. 또한 개인들은 굳이 손 아프게 글을 쓸 필요 없이 간편하게 전화 다이얼을 돌려 '용건을 간단하게 말하기만' 하면 됐다. 전보는 열 글자 내로 전달하고자 하는 내용을 가장 실리적이고 압축적인 방식으로 담을 수 있었다.

여기서 앤서니 그래프턴의 한탄을 되새기며 다시 생각해보자. 오늘날 사람들은 여러 사람에게 단번에 말을 걸 수 있게 되었기 때문에, 핵심만 간결하게 말할 수 있게 되었기 때문에 더 효과적으로 많은 사람들과 깊이 즐겁게 소통하고 있을까? 역사적으로 이렇게까지 읽는 자와 쓰는 자가

---

* 비비언 고닉, 《아무도 지켜보지 않지만 모두가 공연을 한다》, 서제인 옮김, 바다출판사, 2022, 219~222쪽.

단절된 (혹은 소통이 일방적으로 일어난) 시기가 있었을까?

챗지피티와 관련해 재밌는 밈이 있다. 기기를 사이에 둔 두 사람이 각각 한 사람은 "이 한 문장을 세 쪽짜리 글로 만들어줘"라고 말하고, 다른 한 사람은 "이 세 쪽짜리 글을 한 문장으로 요약해줘"라고 말하고 있는 그림이다. 말하는 사람은 애초에 흥이나 기대 없이 마치 먼지만 들어 있는 거대한 선물 상자를 만들듯 쓰고, 그걸 읽는 사람도 마찬가지다. 대체로 오늘날 읽고 쓰기에서 일어나는 일들이란 핵심을 말하자면 이런 것이 아닌가? 즐거움 없이 무한히 속도를 높이며 바이트만 증식시켜가는 것.

오늘날의 SNS는 그 진솔함과 '친구'들 위즈로 소통할 수 있다는 특성 때문에 마치 과거의 서간문처럼 여겨지기도 하지만 사실 서간문보다는 게시판의 특성을 지니고 있다. 우리는 과거라면 스쳐 지나가지도 않았을 사람에게까지 제법 내밀한 생각을 전달할 수 있게 되었지만(그리고 현시대는 이런 조우의 가능성을 과도하게 예찬하지만), 반대로 평생 훨씬 내밀한 생각을 교류해야 하는 소수의 중요한 사람들과는 너무나도 흐릿하게 소통하게 되었다.

비비언 고닉은 단지 겉치레에 불과한 소통, 껍질뿐인 소통에 대해 "대충 만들어낸 반응 증후군"이라는 이름을 붙인다.* (인터넷 등 비대면 소통이 마치 현대인들의 고립, 단절, 소통 부족 등 모든 병폐의 주적인 것처럼 여겨지는 시대지만) 실은 우리는 흔히 대면 소통에서도 서로 영혼을 꺼내놓는 대신 인사치레, 기계적인 방식으로만 대화를 하곤 한다. 고닉에 따르면 이는 사소해 보이지만 결코 사소한 일이라고만 볼 수는 없는데, 왜냐면 지속적으로 "영혼을 죽이는 …… 일"**이기 때문이다. 이는 대화뿐 아니라 글쓰기로 하는 소통에서도 마찬가지다.

인공지능이 앞으로 얼마나, 어느 정도로 글쓰기에 영향을 미치게 될지는 알 수 없다. 다만 인공지능을 통해 효율성을 제고할 수 있다고 여겨지는 종류의 글쓰기—즉, AI 활용에 특화된 글쓰기—의 가장 큰 특징을 나는 '즐거움이 부재한' 글쓰기라고 부르고 싶다.

글쓰기는 다른 모든 의미 있는 활동들(혹은 어떤 활동이 의미 있는 방식으로 작동하는 순간)이 그렇듯, 역시 번거로운 인고의 과정이다. 단지 종이에 글자를 적는 일은 누구나 할

---

* 같은 책, 172쪽.
** 같은 책, 167쪽.

수 있지만, 그것이 실제로 누군가에게 읽히고 마음으로 전달되기 위해서는 연습과 단련도 필요하다. 최소한의 쓰는 시간도 필요하다.

하지만 그럼에도 쓰는 과정에서의 원초적인 즐거움이라는 것은 존재한다. 물론 여기서의 즐거움이란 유쾌, 쾌적, 위안이 된다는 의미만은 아니다. 머릿속에 뿌옇게 떠다니는 다양한 상념을 종이로 옮기는 순간, 자신조차도 제대로 알지 못했던 어떤 희미한 생각이 종이 위에 붙들리는 순간의 쾌감은 가장 깜깜한 어둠 속에서도, 괴로움 속에서도 무언가를 계속 쓰도록 만드는 원동력이다. 비록 그 쾌감이 일순에 불과할지라도 그것은 그 순간에 분명히 '존재'한다. 이런 쾌감은 스스로를 위한 글쓰기(일기, 메모)에도 존재하지만, 서간문 등 타인을 의식한 채로 쓰는 순간에도 존재한다.

스스로를 위한 글쓰기와 특정한 독자를 향한 글쓰기 사이에 아주 커다란 본질적인 차이는 존재하지 않는다. 본질적인 골짜기는 즐거움이 없는 글쓰기와 즐거움이 있는 글쓰기 사이에 존재한다.

과거의 서간문은 감응/반응하는 글쓰기일 뿐 아니라 중심이 없는 글쓰기, 즐거움을 좇는 쾌락적 글쓰기였다. 대체로 체계화나 쓸모에 대한 생각보다도, 그 '순간'에 쓰고 싶은 욕망과 기세가 앞서고 그 뒤를 바쁘게 펜이 뒤쫓는 형식의 글쓰기였다. 실낱 같은 무언가를 붙잡고 불안정한 에너지에 몸을 맡기다보면 원래 쓰려고 했던 내용의 얼개 따위는 무의미해지고 만다. 성실하게 쓰인 편지 사이를 오랫동안 배회하다보면 마침내 뭔진 잘 모르겠지만 여하튼 간에 더 파고들어보고 싶은 것, 무언가 함께 더 떠들어보고 싶은 것에 조우한다.

서간문의 또 다른 중요한 특징은 어느 누구도 일방적인 수신자/발신자일 수 없다는 것이다. 읽기만 하거나 쓰기만 할 수 있는 사람은 존재하지 않는다. 편지를 받은 사람은 반드시 답장을 '써야' 한다. (발신자와 관계를 단절할 심산이 아니라면 말이다.) 이 때문에 편지를 읽는 내내 받는 사람의 머릿속은 그것에 대한 응답을 떠올리게 되고, 읽는 동시에 써갈 수 있다.

이는 당연하게도 상대의 말의 핵심을 요약하거나 의례적으로 반응하는 것만을 뜻하지 않는다. 수신자는 상대의 편지가 품은 질문, 촉발해낸 아이디어에 대해 자신의 생각을 전달하고, 또 그것을 쓰는 과정에서 새로운 생각에 조우하기도 한다. 이는 내가 책, 즉 저자로부터의 편지를 읽고 그에 대한 답장을 생각하며 메모하는 과정과도 일치한다.

❖

오늘날 수많은 활동에서 '자동화'라고 선전되는 것들의 상당 부분은 자동화라기보다는 의도하지 않은 수동화에 불과하다. 직접 텃밭에서 흙을 밟고 계절을 느끼기를 좋아하는 사람에게 그 모든 일을 '자동화'해준다는 것은 과연 어떤 의미인가? 강도 같은 일이지만 오늘날 우리는 이런 종류의 지적에 대해 마치 '이상주의자'를 바라보는 것 같은 태도를 취하고 있다. 과연 모든 활동의 시작점과 끝점 사이를 효율적으로 삭제해버리는 것을 진보라고 할 수 있는가? 우리는 이쯤에서 한 오래된 경구를 떠올려볼 수 있다. "삶에 있어 가장 효율적인 것은 빠른 죽음이다."

롤랑 바르트는 《텍스트의 즐거움》에서 말한다.

만약 내가 이 문장, 이 이야기, 혹은 이 말을 즐겁게 읽는다면, 그것은 그것들이 즐겁게 씌어졌기 때문이다.[*]

여기서 인상적인 것은 가정구 이하에 '즐겁게 씌어졌기 때문'이 그 이유로 붙는다는 점이다. 어떤 작품이 독자로서 감상하기에 즐겁다면, 저자가 수사적인 능력이 뛰어나

---

[*] 롤랑 바르트, 《텍스트의 즐거움》, 김희영 옮김, 동문선, 2022, 17쪽.

거나 절묘한 표현을 썼거나 적확한 인용을 통해 텍스트를 하나의 음악처럼 구조화했기 때문일 수 있다. 하지만 그 이전에 더욱 중요한 건 필자가 일단은 즐겁게 썼다는 사실이다. 심지어 잔뜩 쓴 대목을 지울 때조차도 그는 즐겁게 지웠을 것이다. 아무리 글쓰기 및 퇴고가 지난한 과정이라 할지라도 그 글을 쓰는 '순간'에 필자는 즐거움을 느낀다. 아카이브를 떠돌며 어느 대목에서는 몇 개월씩 산등성이를 넘다가 지쳐 눈을 질끈 감을지라도, 어떤 대목―자료를 수집하고 아카이브 사이를 탐문하며 돌아다니고 반복적으로 주석을 붙이는 와중―에서 뛸 듯한 즐거움을 느낀다. '하지만 이 책은 유머나 즐거움을 위한 책도 아니고 하물며 이 대목에 그런 불경스러운 것이 끼어들 수는 없다!' 결국은 그렇게 생각하더라도 말이다.

그럼에도 실제로 즐겁기 때문에 그런 대목을 세련되게 혹은 그냥 장난스럽거나 과시하듯 늘어놓는다. 이렇게 문득 부당하게 과한 정도의 장난과 매혹을 거는 듯한 대목은 문학뿐 아니라 비문학에도 많다. 논문, 보고서, 기사 등에서의 적확하고 절묘한 인용은 필자(아카이브 산책자, 취재기자)가 아카이브, 현실에서 그것을 맞닥뜨렸을 때의 신선한 놀라움과 어깨춤을 점잖은 텍스트 아래로도 고스란히 드러낸다.(〈라이온 킹〉에서 아기 심바를 들어 올리는 라피키의 몸짓

으로 '이 자료는 좀 대단하지 않아?')

나는 이처럼 책의 전체 내용과는 별개로 툭 불거진 필자의 '참을 수 없는 즐거움'—깨우침의 즐거움, 발견의 즐거움—의 장면에 주목하는 것을 좋아한다. 이런 대목은 전체 내용과 우아하게 어우러지기도 하지만 때론 그냥 나무에 매달린 박처럼 생뚱맞게 존재하기도 한다. 하지만 이런 대목 없이 마냥 우아하기만 한 글보다는 자랑하고 싶은 마음이 너무 커서 생뚱맞아진 구조를 굳이 덮을 생각도 없는 글을 읽는 맛이 더 좋다.

그런 대목은 근거가 부족하고, 구성도 취약하고, 사실상 글의 전체 내용과 딱히 어울리지 않을지도 모른다. 그러나 무언가를 평소에 우연히 마주쳐 모아두었다가 '써먹어서' 기뻐하는 저자의 즐거움, 답답한 문제와 고민 속에서 허우적대다가 어렴풋이 빛을 발견한 환희가 느껴지는 대목, 저자 본인도 이 부분을 '쓰면서(읽으면서)' 이건 좀 뭔가 있을 것 같은데……라고 애매한 꼬리를 남겨두지만 '굳이' 편집되지 않고 살아남은(아마도 편집되었다가 가까스로 살아났을는지 모른다) 구절들은 형언하기 어려운 영혼의 연결감과 즐거움을 준다. 이런 즐거움은 쓰는 즐거움에 목매는 저자와 읽는 즐거움에 목매는 독자 사이에서만 일어나는 스파크의 순간인데, 사실 책의 전체적인 내용과는 별 관련이 없을지도 모른다. 하지만 이런 종류의 자투리가 없다면 글은 즐겁게 쓰일 수도, 읽힐 수도 없다.

이처럼 스스로의 즐거움이 누군가에게 먼 미래에라도 도달할 수 있을 것이라는 기대는 쓰기의 즐거움을 한층 더 북돋워줄 수 있다. 서간문 같은 비교적 정확한 독자를 상정하는 글이 쓰는 즐거움에 도움이 되는 이유는 우리가 스스로를 위해서뿐 아니라 누군가를 위해 쓴다는 즐거움, 그 텐션과 에너지를 자각하게 해주기 때문이다. 우리가 설령 다락방에서 홀로 외롭게 글을 쓴다고 하더라도 언젠가 누군가는 반드시 그 유리병 편지를 열어 쓰기의 시간에 읽기의 시간을 겹쳐갈 것이다. 이는 상호 호혜적, 선물의 관계다.

선물의 핵심은 '진심'과 '비효율성'이다. 쓰는 사람이 자신의 즐거움을 담지 않으면 읽는 사람은 그것을 사려 깊게 자신의 나름대로 읽으려는 욕망 자체를 잃게 된다. 반면 텍스트를 싼 겉모습, 텍스트가 담긴 맥락, 주제 등이 얼마나 그럴듯하냐 혹은 허름하냐와 관계없이 나름의 이상함과 즐거움을 담고 있는 텍스트는 기어코 그것을 읽은 사람으로 하여금 응답하게 만드는 생명력이 있다. 반면 어떤 종류의 텍스트들은 선물이 되지 못한다. '효율적인' 시스템화, 자동화되고 분담되었으며 쓸모없는 애매한 지대를 최대한 버리고 필수 불가결의 노력만을 투입한 기계적인 글쓰기.

서간문의 본질을 '읽고 쓰기의 즐거움단을 남겨놓은 쓸모없음'이라고 칭해볼 수도 있다. 전보에 비해 서간문은 지나치게 많은 자투리(서덜)를 남겨놓는다. 심지어 자투리 그 자체가 본론이 되는 경우도 허다하다. 중요한 건 그 지대 안에서 편지를 통해 매개된 이들은 '진짜로' 그리고 '즐거움으로' 읽고 쓴다는 것이다. 오늘날 대부분의 소통은 본질적으로 서간문보다는 일체의 자투리를 제거해버린 전보에 가깝다고 할 만하다. 쓸모없음을 제대로 담아낼 수 없는 형식이면서도 연결 상태를 유지해 수신자를 지속적으로―번거롭게―들쑤실 뿐이다.

이런 상황에서 '마법의 글쓰기 기계'가 인간을 대신해 번거로운 일을 해준다니 실로 환영할 만한 일인지도 모른다. 마치 쓸데없는 전화를 받지 않기 위해 자동응답기를 틀어놓듯이 자동적으로 각종 쓸모없는 형식뿐인 업무 메일과 전보에 대응하고 '차단'하는 미래는 벌써 성큼 다가와 있다. 마법의 글쓰기 기계가 제공하는 온갖 즐거움 없는 쭉정이 글들의 대필, 요약 서비스를 환영하지 않을 이유가 없다.

하지만 문을 닫고 내 방의 책상 앞에 앉는다면 나는 책과 종이를 펼치고 순수한 즐거움으로 이루어지는 다른 종류의 글쓰기, 놀이를 꿈꿀 것이다. 그리고 나는 미래에도 대부분의 사람들이 이 두 가지 글의 차이를 그리 헷갈려하지 않을 것이라고 낙관한다. 즐거움은 이성과 판단보다도 앞서 작동하는 것이기 때문이다.

3.

더 많은 걸
기억해야 한다는 강박

**과연 우리는 더 많은 걸 보고 기억할수록
더 현명한 판단을 내리게 될까?**

어쩌면 대중에게는 그의 사상보다도 제텔카스텐으로 더 유명한 독일 사회학자 니클라스 루만은 무려 80권이 넘는 책을 집필했고, 400여 편의 논문을 발표했다. 심지어 그가 사망한 뒤 그의 메모 상자 속 메모들과 초고들을 갈무리해 몇 권의 저서가 더 출판되었을 정도다. 그는 평소 조수나 제자들을 시키지 않고 스스로 대부분의 자료 조사를 해온 것으로도 유명했다. 2020년대에 이르러 그의 제텔카스텐 메모법에 착안한 다양한 생산성 노트 시스템, 앱이 출시되기도 했다.

이 지점에서 놀라운 것은 정작 루만이 살아가던 시대엔 스마트폰은커녕 컴퓨터조차 존재하지 않았다는 점 그리고 그의 업적은 단순히 '양'으로만 측정할 수 없다는 점이다. 그는 그 많은 글들 하나하나에 독창적 사상을 담았고, "연구비 0원"*으로 20세기의 대표적인 사회학 이론을 펼쳐냈다.

그런데 이는 루만이라는 개인의 기이하고 초인적인 능력으로만 치부할 수는 없는데(물론 결코 흔한 능력은 아니지만), 이런 기이한 생산성은 이전 시대 대부분의 학자들을 보고 우리가 어리둥절해지는 지점이기도 하다. 역사학자로서 유일하게 노벨문학상을 수상한 19세기의 대표적인 역사학자 테오도르 몸젠 역시 대부분의 자료 조사를 직접 한 것으로 유명하다. 그는 생전 책에 지나치게 심취한 나머지 자식 얼굴조차 잊고 독서에 방해된다며 꾸짖을 정도였다고 하는데, 86세 때 서가 꼭대기에 있는 책을 읽기 위해 사다리를 타고 올라가 촛불을 비추며 책을 읽다가 지나치게 얼굴 가까이에 갖다 대는 바람에 머리카락에 불이 옮겨붙었고 그해 사망했다. 몸젠 역시 대단한 생산성(《로마사》를 대표로 총 1000종에 이르는 논문 및 책 집필)으로 유명하며, '시간을 지배하는 남자'로 불렸던 20세기 구소련의 생물학자 알

---

*   김향, 〈경험과학의 실증이라는 함정서 벗어나 '사회체계이론' 구축한 루만〉, 《경향신문》, 2012.12.24.

렉산드르 류비셰프는 평생 70여 권의 학술서와 1만 2500쪽이 넘는 논문, 글 등을 써냈다.

이 밖에도 많은 학자, 저자들이 그 어떠한 생산성 도구나 시스템 없이 혼자서는 결코 불가능할 정도의 저작을 써냈다. 이런 광경을 바라보며 사람들은 대체 스마트폰은커녕 구글, PDF, 신문, 학술 논문 검색 시스템, 이메일, 드라이브, 하물며 볼펜도 타자기도 없었던 시대에 어떻게 한 사람이 그 많은 자료들을 섭렵하고 훌륭한 글들을 써낼 수 있었는지 궁금해한다.

일단 글의 질은 차치하고라도, 어떻게 그 많은 글을 한 사람이 맨손으로 쓸 수 있는가……라는 의문의 해답은 의외로 너무도 단순하게 도출될 수 있다. 기술을 통해 더 효율적으로 수많은 정보를 욱여넣는 것이 결코 생산성으로 이어지지는 않는다는 것이다.

❖

과연 우리는 더 많은 걸 보고 기억할수록 더 현명한 판단을 내리게 될까? 그리고 여기서의 '더 많은 것'이란 무엇일까?

언젠가 포털 뉴스창을 켜놓고 한동안 멍하니 쳐다본

적이 있다. 그 복작대는 화면이 새삼 굉장히 낯설게 느껴졌기 때문인데, 이유는 첫째, 그 모든 게 '현재 일어난 일News'에 대한 소식이라는 점(지구 반대편에 사는 연예인의 두 번째 이혼 소식에서부터 부동산 등락폭, 새로 나온 국산 자동차 소식까지)과 둘째, 그런 소식들이 '너무 많다'는 점이었다. 그 낯섦은 한 가지 질문으로 이어졌다. 대체 왜 그 모든 소식을 다 알아야 하는가?

그리고 이렇게 도출된 질문에 대해서도 의문이 생긴다. '알다'라는 동사에 '~해야 한다'는 의무('알아야 한다')가 익숙하게 붙는 이유는 무엇인가?

일차적으로는 공포, 두려움이다.

오늘날 우리는 마치 러닝머신 위에서 최대 속력으로 달리는 사람처럼 최신 뉴스부터 시작해 밈, 트렌드 등을 죄다 섭렵해 시대에 뒤처져서는 안 된다는 공포감에 시달리고 있다. 관심사를 다루는 뉴스만 해도 너무 많아서 큐레이션 뉴스레터를 구독하기 시작했는데 그 뉴스레터마저도 너무 많아져서 뉴스레터들 중 정수만을 추려 소개한다는 뉴스레터의 뉴스레터를 본다. 이런 세상인 와중에 그 많은 볼 것들을 마구잡이로 욱여넣는 데서 끝나지 않고 그것을 정확하게 기억하고, 언젠가 유용한 맥락에서 알차고 섬세하게 써먹기까지 해야 한다. 그 절호의 맥락이라는 게 몇 년,

몇십 년 후에 어떤 국면에서 찾아올지도 모르는데 말이다. 마치 라켓은 하나뿐인데 사방에서 날아오는 공을 모조리 쳐내야 하는 꼴이다. 여하튼 오늘날 우리는 '정보의 홍수' 속에 허우적대며 숨이 턱끝까지 차올라 떠다니는 스티로폼 박스라도 붙잡으려는 사람처럼 악에 받친 듯 발장구를 치고 있다.

우리는 한사코 한 지점에 붙박인다. '어떻게 하면 더 많은 것을 보고, 또 기억할 수 있을 것인가?'

유용함의 비즈니스가 산업적으로 돌아가기 위해서는 반드시 그 모든 것이 정말로 유용하다고 우리가 믿고 또 그것을 소비해야 한다. 지난 1세기 동안 신문의 면수가 거의 열 배 수준으로 늘어난 것은 광그를 넣을 자리를 더 마련하기 위해서였는데, 신문이 두꺼워지기 위해서는 반드시 거기에 실린 모든 것을 다 알아야 한다는 독자의 믿음이 선행해야만 했다. 마치 가정용 만두 빚는 기계라든지 발 씻기 전용 비누를 팔기 위해 우선 그것에 대한 수요, 결핍을 창조해내야 하듯 말이다.

움베르토 에코는 20세기 중후반 신문 독자들의 읽기 습관에 대해 "독자들이 잊는 데 익숙해진 것은 중요하지도 않은 너무 많은 뉴스들을 읽기 때문"이라고 지적했는데 이는 어느 정도 독자들 스스로 자처한 결과이기도 했다. 그는 말한다. "다른 한편으로 독자들 자신이 텅 빈 페이지를 견디지 못할 것이다. 알아야 할 것도 전혀 없고, 읽어야 할 것도 전혀 없다는 것을 알기 위해, 가득 찬 페이지들을 원한다."*

이는 두려움을 이겨내려는 24/7(24시간 주 7일)의 중단 없는 자기계발적 의지와 이어진다.

우리는 항상 연결되어 있으려 하고, 그 모든 유용한 정보들을 습득하고 활용할 수 있기를 바란다. 하지만 우리가 발을 동동 구르며 섭렵하려고 하는 것들은 대체로 미래를 적극적으로 상상하지 못한 채 단지 현재의 에너지를 소진하는 방식의 것들뿐이다. 조너선 크레리는 말한다.

> 우리는 과거와 그 최근의 파국들에 관한 넘쳐나는 이미지와 정보에 압도된다. 하지만 공동의 미래를 위해, 이 흔적들을 넘어서서 나아갈 수 있는 방식으로 그 흔적들에 관여하는 데는 점점 더 무능력해지고 있기도 하다. 세계자본주의 문화에 의해 유지되는 대중적 기억상실증의 한가운데서, 이미지는 비워내어지는, 처분 가능한 수많은 요소들, 그러나 그 본래적인 저장 가능성archiveability에 따라

---

* 움베르토 에코, 《책으로 천년을 사는 방법》, 김운찬 옮김, 열린책들, 2009, 161쪽.

결국은 결코 폐기되지 않는 것으로 귀결되며, 그리하여 갈수록 굳어지고 미래가 없어지는 현재에 기여하는 요소들 중 하나가 되었다.**

이러한 수행이 진정한 의미의 자기계발과 연관이 있는지도 의문이다. 만약 자기계발이 자신의 주변을 돌보고 더 나은 삶을 살기 위한 것이라면 조금 더 자신에게 실제로 절실하게 연관이 있고 호기심을 불러일으키는, 흥미로운 것들에 집중해야 하지 않을까?

오늘날 많은 사람들은 쓸데없이 눈만 어지럽히는 수많은 '정보'와 '소식'들에 화를 내는 대신 주눅 들어 있다. 분노는 현실에 대한 비판과 거부를 통해 새로운 세계를 만들어내고자 하는 의지로 이어지지만, 분노하는 법을 잊은 이들은 여전히 세상에 볼 것, 중요한 것이 너무나도 많고 그것들을 모두 다 들이마셔야 한다는 믿음에 짓눌려 있다.

오늘날 메모에 대한 강박, 유행 또한 근원적 문제의 해결이라기보다는 만들어진 문제에 대한 해결이라는 환상에 지나지 않는다.

** 조너선 크레리, 《24/7 잠의 종말》, 김성호 옮김, 문학동네, 2014, 65쪽.

소설가 C. S. 루이스는 영미권에서 '세기의 배우'로 일컬어진 엘리자베스 테일러가 누군지 모른다는 말로 그의 친구 월터 후퍼를 경악하게 만든 바 있다.

"엘리자베스 테일러가 누구인가요?" C. S. 루이스가 물었다. 그와 나는 '예쁨'과 '미美'에 대해 말하고 있었고, 나는 미스 테일러가 대단한 미인이라고 말한 터였다. 루이스의 질문에 나는 이렇게 대꾸했다. "신문을 보셨으면 누구인지 아실 텐데요." 루이스는 장난스럽게 말했다. "아아아! 하지만 난 신문을 멀리해서 '세속에 물들지 않게' 스스로를 지킨답니다." …… 그는 신문에 실리는 '뉴스'가 "모든 역사 중에서도 아마 가장 허깨비 같을 것"이라고 생각했다.*

재밌는 점은 이러한 서문이 실린 책의 제목이 《현안: 시대 논평》이며 이 책은 루이스가 생전에 일간지, 주간지에 실은 동시대적 칼럼들을 모은 선집이라는 것이다. 루이스는 당대에 '어린아이들이라도 누구나 다 알 만한' 엘리자베스 테일러는 몰랐지만, 현안에 대해 수많은 글을 썼다. 그는 중세시대의 문헌을 껴안고 오늘의 일에 대해 궁리했고

---

* C. S. 루이스, 《현안: 시대 논평》, 홍종락 옮김, 홍성사, 2021, 5쪽.

훨씬 더 많은 것들을 유추를 통해 해낼 수 있었다.

오늘날 더 많은 정보를 섭렵하고자 계속 현재진행형으로 쏟아지는 뉴스레터와 기사들을 쌓아두며 거기서 자연스럽게 '통찰'이 흘러나올 것이라는 기대는 허깨비 같은 것에 불과하다. 하지만 그렇다고 해서 쌓아두는 것 자체의 즐거움을 부정할 생각은 없다. 내가 하고 싶은 말은 다만 이 모든 것을 즐거움으로 해야 한다는 것이다.

책 읽는 게 점점 성가셔져 가능한 한 읽지 않기로 했다. 독서란 매우 훌륭한 일과라 생각하면서도 한 글자씩 글자를 주워 모아 행을 쫓아서 페이지를 넘겨 가는 게 타인의 수다를 자신의 눈으로 들으려 하는 것만 같아 시끄럽다. 눈은 그런 걸 보기 위한 것이 아닌 듯한 기분이 든다.**

잠깐 활자로 번잡해진 두 눈을 감아본다.

그간 나는 여러 자리에서 독서의 즐거움과 중요성에 대해 이야기해왔음에도, 실은 무분별한 독서 권유가 독서

** 우치다 햣켄, 《햣키엔 수필》, 홍부일 옮김, 연암서가, 2019, 58쪽.

안 하기보다 훨씬 해롭다고 생각한다. 왜냐면 전자에는 권위가 있기 때문이다. 아무리 책을 안 읽는 시대라고 해도 대부분의 현대인에게 독서는 존재 기저의 괴로움이라든지 피하고 싶은 의무처럼 붙박여 있다.

이 이야기를 꺼낸 이유는 메모에 대한 강박이 활자화된 '유용한 정보'(그 정점에 있는 상징으로서의 책) 그리고 그것을 쌓는다는 강박과 떼어놓을 수 없는 연관성이 있다고 보기 때문이다. 책을 몇 권 읽고, 그것을 모조리 기억하기 위해 남겨두고, 최첨단의 수단을 동원해 분류하고자 하는 이 모든 강박적 행위 안에 인간적인 순수한 즐거움이나 어떤 사람의 성격적 단점과 불행을 보여주는 맹렬한 집착, 발랄한 엉뚱함이 있다면 그것을 부정하고 싶은 마음은 없다.

하지만 대체로 그렇지 않다. 무분별한 독서 권유에 사람들은 시무룩해진다. 여기에 대고 읽지도 않을 책이라도 일단 많이만 사두면 출판계의 빛과 소금이라는 말을 하고 싶지 않다. 출판계 역시 비즈니스라는 측면에서는 과도한 독서 예찬의 책임에서 자유롭지 않다. 애초에 사람은 그렇게 많은 유익한 책들('피와 살이 되는 책'들)을 다 볼 필요가 없다.

그렇다고 할 때 대체 '더 많은 메모를 하고 또 기억할 수 있도록 해주겠다'고 선전하는 각종 서비스와 강의의 본의는 무엇이란 말인가? 마치 식욕을 제어하지 못하는 이들에게 더 많이 먹을 수 있게 해주겠다며 소화제를 처방하는 꼴이 아닐까? 오히려 더 많이 먹으라고 부추기는 것과 무엇이 다를까? 허기가 어디에서 기인하는지, 그것을 근원적으로 들여다보고 의미 있는 삶을 살 수 있도록 하기 위해 무엇을 해야 하는지 원인을 진단하고 파고드는 다 신 말이다.

이런 유행에서는 메모가 무엇에 대한 메도인지, 그 정보가 정말 자신에게 필요한지, 어떤 식으로 스스로에게 작용하는지 등을 전혀 이야기하지 않는다. 이런 유의 메모 관련 도서에서는 정보가 대체로 우리의 의식과 별개인 외부의 돌멩이 같은 것으로, 한사코 우리의 바깥에 존재한다. 우리는 그것들을 내려다보며 마치 시스템의 신처럼 '관장'하는 자리에 위치한다.

오늘날의 메모 방법론, 개인 아카이브의 유행은 A라는 데이터를 길거리 돌멩이 줍듯 습득하면 그것을 주머니 속에 A'로 저장해 먼 훗날에 A"로 출력한다는 환상을 각인시킨다. 이때의 텍스트나 삶의 질료는 한 사람을 유령처럼 통과해 무심하게 흘러가는 데이터 토큰에 불과하다.

그러나 정말로 중요한 건 어떤 정보인가보다 특정 정보를 누가 어느 시점에 어떤 방식으로 받아들이느냐이다. 책이라고 해보자. 같은 책이라도 누군가에겐 삶의 중심이

자 살과 피가 되는 반면, 누군가에게는 평생 한 번도 거들 떠보지 않을 텍스트일 수도 있다. 역경에 부딪치는 경험 역시 개개인의 삶에서 제각기의 결을 만들어내며 다른 형태로 뻗어나간다. 당연한 얘기지만 제임스 볼드윈과 같은 경험을 한 모든 흑인들, 프리모 레비와 같은 경험을 한 모든 유대인들이 역사에 남을 책을 쓴 것은 아니며 형제를 잃은 모든 이가 《녹스》(앤 카슨) 같은 책을 남긴 것도 아니다.

어떤 외부 텍스트는 한 사람을 기어이 무릎 꿇리고 삶의 경로를 바꾸어놓고야 만다. 그런 경험은 내 주머니에 돌멩이를 주워 넣는 경험이 아니라, <u>갑자기 뚱딴지처럼 한계와 의도를 알 수 없는 거대한 주머니에 내가 섞여 들어가 한낱 모래 알갱이가 되어버리고 마는 경험이다.</u>

어떤 종류의 경험은 굳이 기억하고 되새기고 싶지 않아도 그렇게 된다. 그런 경험을 겪고 났을 때 혹은 그 도중에, 과연 우리는 태평하게 '기억'에 대해 생각할 수 있을 것인가? 어떤 종류의 기억들은 떨쳐지지 않는 감정, 상처로 몸과 머리에 강렬하게 새겨진다. 그리고 그 상처와 모멸감, 거절당한 욕망이 그 자체로 쓰기라는 적극적인 행위로 이어지기도 한다.

르포 작가 한승태는 '노동'이라는 키워드에 천착하게 된 계기를 어린 시절 우연히 보았던 한 장면에서 길어 올린다. 그는 어린 시절 관악산 입구, 고시촌 인근의 노점상에서 누군가가 싸우는 장면을 보게 되었다. 하지만 자세히 보니 그것은 싸움이 아니라 한 사람이 일방적으로 맞고 있는 장면이었다. 그는 회상한다.

> 나는 길거리에서 누군가 맞고 있다는 사실보다 그 아저씨의 표정 때문에 움직일 수가 없었다. 그것은 내가 알고 있는 세상의 표정이 아니었다. 맞다서 아프다거나 화가 난다는 표정이 아니었다. 사람들이 보는 데서 얻어맞는 게 너무나 비참하면서 동시에 지금 나를 때리는 사람의 기분을 거스르지 않으려고 애쓰는, 얻어맞으면서도 자신이 화가 났다거나 불쾌해한다는 걸 들키지 않으려고 애쓰는 …… 그런 얼굴이었다. …… 사람을 두들겨 패는 것보다 저런 표정을 짓게 만드는 것이야말로 진실로 잔인하고 인간을 망가뜨리는 짓이었다.
> …… 남자가 얻어맞는 동안에도 주차장은 평온하기만 했다.*

많은 책, 예술 작품들이 과거 작가가 목격한 인상적인

---

* 한승태, 《퀴닝》, 시대의창, 2024, 14쪽.

장면, 우연히 마주한 텍스트의 강렬함, 오배誤配(일본 철학자 아즈마 히로키가 사용한 개념으로, 평소에는 접할 일 없는, 예기치 않은 정보와의 접촉), 그로 인한 비이성적인 집착으로부터 시작된다.

《오인된 정체성》을 쓴 아사드 하이더는 6학년 때 우연히 도서관 서가에서 발견한 휴이 뉴튼의 《혁명적 자살 Revolutionary Suicide》이라는 책과 마주한 경험이 몸에 새겨졌다고 고백한다. 《말의 마지막 노래》라는 기묘하면서도 매력적인 역사책을 쓴 역사학자 울리히 라울프는 어렸을 적 고향에서 말을 본 인상적인 기억이 '왠지 모르게' 수십 년간 뇌리에 담겨 있었다. 그리고 끝내 그 불합리하고 비이성적인 집착이 말의 몰락기를 관조하는 한 권의 풍요롭고 아름다운 책을 만들어냈다.

꼭 거창한 '인생' 혹은 '인생 책'이 아니라도 마찬가지다. 우리가 무언가 적당히 쓸 만한 정보를 얻고 그것을 기억의 주머니에 넣는 과정 역시 지극히 개인적이다. 시장에 간 요리사는 같은 방식으로 재료를 고르지 않는다. 만약 누군가 토마토에 이유를 알 수 없는 거부반응을 가지고 있어 평생 먹지 않았다면, 그것을 장바구니에 넣거나 넣지 않는 행위는 그 자체로 메시지다. 반대로 '별 이유 없이 끌리는' 오이를 자꾸만 장바구니에 담는 것도 메시지다. (그것을 나중에 어떻게 써먹을지 생각하는 것까지가 장바구니에 담는 과정이다.) 자신의 욕망에 휩쓸려 장을 보고 온 어떤 인물은 식탁 위에 장바구니를 끄르며 터무니없이 많이 담긴 오이의 산을 보고 아연한다. 나는 메모의 본질이란 대체로 이런 것이라고 생각해왔다. 잘 쓰인 메모는 결과적으로 자신도 몰랐던 자신의 욕망과 모습을 알려주는 지표가 된다.

그럼에도 어떤 읽기와 쓰기, 기억하기에 효율적인 방식 및 기술이 존재한다는 듯 말하고, 그것이 모두에게 일관되게 적용될 수 있다고 환상을 심어주는 것은 제대로 된 교훈을 주지 못하는 것보다 더 나쁜 방식으로 우리의 읽기와 쓰기를 왜곡시킬 수 있다. 애초부터 읽기와 쓰기는 특정한 좌표에 놓인 개인의 존재, 몸, 삶, 편견, 쓸모를 배제하고는 이뤄질 수 없기 때문이다.

사람들은 유구한 정보의 홍수 문제에 대한 해결책을 이윽고 찾은 것으로 보인다. 그냥 정보의 홍수를 전부 '들이마셔서' 해결하자는 것이다.

우리 사회는 기술 발전으로 마치 모든 것을 '실제로' 다 읽고 기억할 수 있을 것처럼 환상에 빠져 있다. 이어 개인의 고유한 역량으로 여겨져왔던 쓰기마저 생성형 인공지능이 대신할 수 있을 것으로 여겨지고 있다. 이미 문헌 살피기, 요약, 훑어보기, 인용하기 등의 영역에서 적극적으로 생성형 인공지능이 사용되는 사례들이 속속 등장하는 중이다. 이제 우린 지겨운 사투 없이, 간편하게 부담 없이 그 모든 서가에 짓눌리지 않으면서 그 위를 신체 없는 유령처럼 스쳐 지나갈 수 있다.

하지만 이런 기술들은 실제로 우리의 읽고 쓰기 경험을 더 낫게 만들고 있는가?

오늘날 수많은 정보와 기이한 체험, 유익한 볼거리들 사이에서 사람들은 길을 잃고 있다. 이 때문에 대리 체험, 즉 대신 보고 전달해주는 '대리형 콘텐츠'들이 날이 갈수록 늘어간다. 내가 직접 읽지 않아도 누군가가 대신 두꺼운 서적을 읽고 핵심만 요약해서 입에 넣어준다.

로버트 팔러는 이처럼 누군가가 체험하고 온 것을 받아들이는 식의 콘텐츠 소비 습관, 대리인에게 향락을 떠맡기는 습성을 '상호수동성inter-passivity'이라는 말로 표현했다. 미술관에서 직접 고민하며 관람하기보다 큐레이터의 설명과 감상을 들으면 미술 대신 자신의 일상에 대해 여전히 고민할 수 있다. '볼 만한 기사'의 북마크 목록을 끊임없이 늘려가지만 기사를 읽지는 않는다. SNS에서도 리트윗 혹은 공유만 하고 실제로 기사를 클릭해서 읽어보는 사람들의 비율이 현저히 떨어지다보니 간혹 공유 버튼을 누르면 "공유하기 전에 먼저 읽어보시겠습니까?"라는 경고문이 뜨기도 한다. 대체로 오늘날 사람들은 콘텐츠를 향유의 대상이라기보다는 사냥의 대상으로 바라본다.

❖

사실 '정보 강박'이 오늘날 기술 발전에 힘입은 현상만은 아니다.

먼 과거에도 사람들은 자신이 미처 소화하지 못한 지식을 과하게 뽐내고 싶어 하고, 노력 없이도 더 많은 것들을 섭렵하고 싶어 했다. 가치 있어 보이는 것들이 눈에 들어오면 일단 집어 들어 보물 상자에 쑤셔넣고자 하는 인간의 욕망은 유구하다.

오늘날 독서의 성스러움을 찬양하는 그 고든 이야기에도 불구하고, 책장은 '인류 지식의 정수'가 도인 거룩한 성소라기보다는 기본적으로 책이라는 물건을 '수집'하는 저장 강박의 장소, 또한 남에게 학식을 과시하기 위한 전시장으로써 다루어져야 마땅하다.

15세기 말의 독일 법학자 제바스티안 브란트는 《바보

배》에서, 당대의 수많은 '바보'들의 모습을 풍자하는 이 기념비적인 작품을 여는 서두에서 스스로를 바보배의 '선장'으로 자임했다. 코안경을 걸고서 산더미같이 쌓인 책들에 위태롭고 초라하게 둘러싸여 그는 노래한다.

> 책은 항상 나의 믿음직한 핑계요, / 책 속에 파묻히면 근심걱정은 끝일세. / …… / 책 속에 파묻혀서 산다니, / 생각만 해도 마음이 흡족한걸. / …… / 들여다보는 일은 별로 없지만 / 내가 가진 책도 그만큼은 될 걸세. / 하긴 굳이 골머리 썩이면서 / 공부 스트레스에 끙끙댈 것이 있겠나? / 공부도 지나치면 공상가가 된다네! / 공부를 대신해준다는 사람이 있으면 / 돈을 내고라도 하인으로 고용하고 싶다네.[*]

만약 이 '바보배 선장(저자의 페르소나)'이 오늘날로 시간 여행을 할 수 있다면 기쁘게 온갖 요약본, 큐레이션, 메모 및 기억장치들을 사용할 것이다. 이런 기술은 자신이 제대로 읽지 않은 것, 주마간산으로 읽은 것들에 대해서도 시시콜콜 아는 척할 수 있도록 해줄 막강한 '하인'이다. 쌓인

---

[*] 제바스티안 브란트, 《바보배》, 노성두 옮김, 일다, 2016, 27~28쪽.

책들을 읽느라 지루함을 견디며 시간과 공력을 들일 필요도 없고, 익히는 데 수년이 걸리는 번거로운 라틴어를 공부할 필요도 없다.

나 역시 때로 조금 더 아는 척하기 위한 용도로 인용을 늘어놓고 싶고, 품 안에 잔뜩 얼기설기 안고 있는 것을 땅바닥에 줄줄 흘리면서도 반성보다는 못내 억울해하기도 한다.

애초에 '문자'라는 기술 자체가, 충분히 고민하고 숙고하는 방식으로 자연스레 내 몸에 체화되지 않은 지식도 으쓱거리며 주워섬길 수 있도록 한다. 문자의 탄생과 함께 사람들은 대강 빠르게 책을 훑어 읽고도 그것이 마치 자기 것인 양 떠벌릴 수 있게 되었다. 플라톤의 《파이드로스》에서 소크라테스는 문자를 발명해 의기양양해하는 테우트신에게 타무스 왕이 한 말을 인용하며 이렇게 말한다.

> 문자는 실은 그것을 익히는 사람들이 건망증에 걸리게 할 것이오. 그들은 글로 씌어진 것을 믿기에 기억력을 활용해 내부로부터 자력으로 기억하려고 하는 대신 남이 만든 표시들에 의해 외부로부터 기억하려고 하니까 말이오. …… 그대가 제자들에게 주는 것은 지혜가 아니라 지혜처럼 보이는 것이오. 그대의 제자들은 그대 덕분에 제대로

가르침을 받지 않고도 많은 것을 읽을 수 있어 대개는 아무것도 모르면서 자신들이 많이 알고 있는 것처럼 보일 테니 말이오.*

이어 한사코 언급되지 않는 사실은, 실은 세상의 수많은 글들은 쓰이지 않는 편이 나았다는 것이다. 쓰이더라도 굳이 활자로 박혀 세상에 드러날 필요는 없다. 그런 글들이 세상에는 훨씬 더 많다. 소크라테스는 대체로 종이 위에 쓰인 글보다 연설이 뛰어나지만 그 연설 가운데서도 대다수는 기껏해야 이미 알고 있던 것을 상기시켜줄 뿐이라며, "진실로 듣는 사람의 혼 안에 쓴 말들"만이 주목받을 가치가 있으며 "다른 종류의 말들에는 등을 돌"리는 편이 좋다고 말했다.**

말하기/쓰기에 대한 일이 그럴진대, 바쁘게 손만 놀려 남의 공작 깃털들만을 (그것이 좋고 나쁨과 관계없이) 탐욕스럽게 그러모으는 종류의 서툴고 숨찬 읽기에는 과연 무슨 쓸모가 있을까.

---

* 플라톤, 《파이드로스/메논》, 천병희 옮김, 도서출판 숲, 2013, 122~123쪽.
** 같은 책, 129쪽.

오늘날 AI 요약과 백과사전으로 인해 독서 에세이 등의 숙제를 직접 하지 않고 기계에 맡기는 세태에 대한 비판이 있다. 이러한 비판이 얼마나 근거가 있는지는 차치하고라도, 적은 노력으로 결과를 뽐내고자 하는 이들과 이들을 위한 기술은 과거에도 있었다. 대표적으로 색인index은 인터넷이 발명되기 이전, 책을 다 읽지 않아도 필요한 부분만 쏙쏙 뽑아서 읽을 수 있도록 하는 신묘한 '최첨단 기술'이었다. 이와 비슷하게 당대에 발명된 인용집들 역시 기존의 정독 대신 요약, 발췌독을 조장했다. 많은 진지한 저자와 학자들은 색인에 치를 떨며 그런 '삿된' 도구가 얼마나 방만한 읽기를 불러올 것인지에 대해 오늘날의 일부 신실한 학자들과 마찬가지로 분노했다.

이 시대의 우리는 독서하고 사색하는 노고를 들이지 않고도 학자와 재사가 될 수 있는 더 빠르고도 현명한 방식을 발견했다. 현재 가장 확실히 정립된 책 이용 방식은 두 가지다. 먼저 군주를 모시는 신하들이 하듯이 책의 제목을 정확히 익히고 그것과 안면이 있다는 사실을 떠벌리는 식으로 책을 대하는 방식이 있다. 다른 방식은 그보다는 더 고급스럽고 심오하며 고상한데, 색인을 통해 충분한 통찰력을 얻는 것이다. 하지만 그런 방식으로는 책 전체가 꼬

리를 붙잡힌 물고기처럼 혼란스럽고 불안하게 통제될 것이다. (조너선 스위프트)*

영문학자 데니스 덩컨은 《인덱스》에서 색인에 대한 당대인들의 걱정과 《파이드로스》에서 문자가 생기면 사람들이 바보가 될 것이라고 혀를 찼던 당대인들의 걱정을 겹쳐 본다. "그 편리함에도 불구하고 그것을 사용함으로써 사람들이 오히려 멍청해질지도 모른다는 근심"**이 색인과 문자에는 동일하게 있었다. 물론 그러한 근심에도 불구하고 색인은 다른 방식의 읽기, 쓰기를 가능하게 했다. 색인은 단순히 효율적인 훑어보기를 위해서만 존재하지 않았다. 어떤 괴짜들은 특정 책의 내용에서 웃긴 부분이라든지 공격할 만한 포인트만 뽑아내 독창적인 '풍자 색인'이란 걸 만들어내기도 했다.

엄밀히 말하자면 오늘날의 사람들은 읽기-쓰기, 기억하기를 보조하는 수많은 '기능'이 실존하고 이를 손쉽게 활용할 수 있는 시대에 살며 무한한 섭식과 기억, 기록, 저장

---

*   데니스 덩컨, 《인덱스》, 배동근 옮김, 아르테, 2023, 213쪽에서 재인용.
** 같은 책, 213쪽.

에 대한 태곳적의 '욕망'을 비로소 구현하고 있는 것에 가깝다. 어떤 선택지가 있을 때, 그리고 그 선택지가 마치 우리의 모든 골칫거리를 해결해줄 마법처럼 보일 때 그것을 무시하기는 어려운 일이다. 일단 손에 망치가 쥐어지면 어떻게든 휘둘러보고 싶기 마련이다.

우리는 신기술이 무엇을 가능하게 해준다는 '가능성'에 몰두한다. 이는 읽고 쓰기, 그리고 숙고하기와 관련해서도 마찬가지다. 우리는 간단한 기술들을 활용해 수많은 책을 작고 얇은 기계 하나에 넣어두고 언제든 소환할 수 있고, 두껍고 무거운 종이책도 스캔해서 디지털 파일로 간직할 수 있으며, 폴더별로 정리까지 해둘 수 있다. 독서하면서 쓴 메모를 클라우드 저장소에 업로드해두고 언제 어디서든 검색해 불러올 수 있다. 책 표지부터 서지정보까지 모든 것을 가지런히 모으고 하나하나 별점도 매긴다. 아주 간단한 조작으로도, 예를 들어 태그를 달아두거나 별점을 매겨두는 것만으로도 그것을 분류 기준으로 적용해 살펴볼 수 있다. 내가 기억하지 않아도 대신 기억해주고, 내가 분류하지 않아도 대신 분류해준다. 우리가 오늘날 인터넷과 컴퓨터를 이용해 하는 이 모든 행위는 '머무르기'보다는 '수렵'에 가깝다. 그 많은 전리품들을 모아 자기만의 둥지에 가지런히 나열해놓는 것으로 만족감을 느끼는 것이다.

문제는 그런 수렵품을 전시한 화려한 둥지를 몇 개씩 만들어놓는다고 해도, 그것을 제대로 '소화'해 적절한 맥락에서 '소환'해내는 것은 완전히 다른 문제라는 사실이다. 소환은 필연적으로, '그 많은 잡동사니 더미는 무엇을 위한 것인가?' '그것은 무엇으로 남을 것인가?'에 대한 질문과 이어진다. 수많은 수집가들이 맞닥뜨리는 본원적 딜레마이다. 오늘날의 '편리한' 기술은 우리가 읽고 쓰기의 본질을 향해 가는 것을 도와주기보다는 오히려 그 길을 막는 방해물이 되고 있다.

그렇게 우리의 개인 아카이브는 되는 대로 욱여넣어 정체를 알 수 없는 검은 봉지로 가득한 냉동실의 블랙홀 같은 것이 되었다. 일단 넣으면 다시 꺼내볼 일은 거의 없다. 만약 어느 순간 그 애플리케이션 회사, 플랫폼이 문을 닫는다고 하더라도, 혹은 나의 외장하드가 고장 난다고 하더라도 애초에 거기에 무엇이 들어 있었는지조차 정확히 알지 못하기 때문에 사라진 데이터 조각들에 대해 제대로 애도조차 할 수 없다. 아니, 오늘날의 열성적인 수집가들은 과연 그 조각들을 애도할 만한 가치가 있는 사랑스러운 잡동사니로 바라보기는 하는가?

그러고 보면 우리가 오늘날 우리의 아카이브를 보존하고 '기억할 권리'에 대해 외치는 것 역시 어느 정도는 관성적이고 기만적일 수 있다. 애초에 그 안에는 기억할(될) 만한 가치가 있는 게 별로 없을 수도 있기 때문이다.

❖

'기억'은 자연스럽게 우리 안으로 흘러들어온 것, 흘러가다가 고여버린 것, 혹은 우리가 의식해서 마음에 두고 언젠가는 유의미한 삶의 연결, 매듭으로 만들려고 하는 것들이다. 당연히 모든 것에 대해 앞치마를 펼칠 수는 없다.

고대 로마의 '마인드 팰리스'로부터 기억법은 자주 궁전, 방 등 물리적 공간과 밀접하게 연관 지어 언급되어왔다. 이런 공간적 기억법이 환기하는 것은 기억과 공간 모두에는 한계가 있기 때문에 넣을 것을 취사선택해야 한다는 것, 그리고 연속적이며 원근법을 따른다는 것이다.

우리는 기억을 공간에 갖춰둔 채 그것을 소환할 때 공간을 거닐듯 '차례대로-연속적으로' 떠올린다. 실제 마크 트웨인은 자신의 기억법과 관련된 노트에 역대 왕조의 왕을 외우고 연상하는 것을 정원에서부터 현관까지의 정물, 말뚝에 연관 지어 거닐며 연상할 수 있게 했다. 이러한 기억법은 연속적이며 원근법을 따르는 방식을 브여준다.

우리는 유용한 것들을 취사선택해 우리에게 주어진 작

은 방을 그러한 도구와 가구들로 꾸려간다. 손에 딱 들어맞지 않는 화려하고 거추장스러운 가구 오백 개보다는 내 손에 딱 들어맞는 친근한 가구들에 손때를 묻히고 그런 것들을 가까이한다.

코넌 도일은 셜록 홈즈의 입을 빌려 '기억'에 대해 다음과 같이 말했다.

나는 사람의 뇌가 근본적으로는 비어 있는 작은 다락방 같은 것이라고 생각합니다. 그 방을 당신이 선택한 가구로 채워야 하지요. 어리석은 사람은 그 방 안에 온갖 잡동사니를 닥치는 대로 쓸어 넣죠. 그러면 쓸모 있는 지식들은 공간이 없어 밀려나거나 많은 다른 것들과 뒤섞여서 필요할 때 꺼내 쓸 수가 없게 되는 거예요. 그래서 능숙한 전문가는 그의 머릿속 다락방 속에 무엇을 집어넣을지를 결정하는 데 아주 조심스럽죠. 그는 자신의 일에 도움이 될 만한 연장만을 고를 겁니다. 그리고 그 연장들을 항상 질서 정연하게 배치해놓겠죠. 그 작은 방이 고무 벽으로 되어 있어서 어느 정도 늘어날 거라고 기대해선 안 됩니다. 방의 면적이 정해져 있으니 또 다른 지식이 더해질 때 당신이 전에 알고 있던 무언가를 잊어버려야 하는 때가 오겠죠. 그러므로 가장 중요한 것은 쓸모없는 지식이

유용한 지식을 밀어내지 않도록 하는 겁니다.*

나의 방은 그렇게까지 질서 정연하게 정돈되어 있지 않지만, 자주 쓰는 것은 대체로 손을 뻗으면 닿을 만한 지점에 있다. 또한 내게 중요성을 가지는 종류의 물건들이 방에서 더 많은 공간을 차지하고 있다는 점만큼은 동일하다.

나는 이 대목을 쓰면서 과거 한 수필가와 국어학자가 호남지역의 점방(옛날식 구멍가게) 수십 곳을 돌며 쓴 탐방기를 떠올렸다. 그중 한 점방에서 관찰자는 초라하지만 흥미로운 한 장의 종이에 주목하는데, 코팅된 그 종이는 메뉴판처럼 품목과 가격을 적어둔 것이었다. 가게에 가격표가 있는 게 뭐 그리 특이한 일이냐 생각할 수도 있는데 그 종이가 재밌었던 이유는 그 품목과 가격이 제법 구체적이며 총체적인 동시에 분류가 엉망이었기 때문이다. 예를 들면 '아이스크림 콘류 800원' 옆에 '과자류 세 개에 2000원' 이런 식이 아니라, '해태 부라보콘 650원' 아래에 '세탁세제 8900원'과 '비료 2만 3000원' 같은 식으로 말이다. 이는 단순히 촌 점방의 조촐한 물자 상황을 보여주는 것만은 아니

---

* 아서 코난 도일,《주홍색 연구》, 송성미 옮김, 더클래식, 2015, 25~26쪽.

다. 이 종이는 반출 예외성이 존재하지 않는 인구 수십 명의 작은 동네 점방이 철저히 기존 고객에 최적화된 데이터베이스를 구축해 그것을 통상적인 분류가 아닌 점방 주인만의 고유한 분류-배치 방식으로 구성한 창의성을 보여준다.

> 우리 동네 구멍가게에도 없는 것이 없었다. 어쩌다 한 번이나 필요할까 [싶은 것이지만] …… 주인아주머니는 신기하게도 어느 구석에선가 꺼내 들고 나왔다. 이것이 바로 주택가 지근거리에서 생필품을 주로 취급하는 구멍가게의 최강 매력이었다. ……
> …… 원동력은 무엇이었을까? 바로 생활밀착형 가게라는 점이다. …… 수요 예측도 가능했다. 그렇게 구멍가게는 마을공동체의 소비 패턴과 성향을 꿰뚫고 있어서 종류를 망라해 물량을 조절해가면서 골목의 소비생활을 전담할 수 있었다.* (첨언은 저자)

이런 점방의 마구잡이이면서도 동시에 효율적인 방식의 구성은 우리에게 기억에 대한 한 가지 중요한 깨우침을 준다. 애초에 우리 자신의 기억-아카이브는 공식적인 아카

---

* 박혜진·심우장, 《구멍가게 이야기》, 책과함께, 2021, 293~294쪽.

이브와 닮을 이유가 전혀 없으며, 오히려 더더욱 각자의 편향적이며 한계가 분명한 아카이브를 가져야 한다는 것이다. 그리고 그것은 상상 이상으로 기묘하고 뒤죽박죽 엉망일 테지만, 예를 들어 방 안에 의자만 열다섯 개그 책상은 없거나 손톱깎이가 어항 속에 놓일 수도 있지만, 그것이야말로 유연한 아카이브가 가질 수 있는 창의적인 가능성이다.

❖

우리는 모든 걸 기억하지 못해 분통하다. 하지만 애초에 나와 별로 상관이 없는 것들—주목하지 않은 것들—은 이윽고 잊는 것이 당연하다.

그래프턴 태너는 《포에버리즘》에서 말한다.

> "…… 모든 것을 다 저장하지 않는 것이 바로 기록 보관의 본질이다." 반면 클라우드는 모든 것을 저장할 수 '있는' 듯한 착각을 준다. ……
> 데이터 보관은 무분별한 영원화를 부추긴다. 미래에 무엇을 그리워할지 모르기 때문에 몽땅 저장하는 게 최선이라는 식이다.[*]

여기에 더해 문제는 훗날 '정보의 열람(소환)이 언제나 당장 가능하지도 않다'는 것이다. 여기엔 기술적인 이유도 있겠지만, 소환은 언제나 '미래'의 것이기 때문이다. 과거의 나는 미래의 내가 무엇에 얽매이고 주목할지 알 수 없다. 이 때문에 기억하기 위한 메모를 쓸 때는 항상 시점의 어긋남을 유의해야 하며, 미래의 나라는 독자(발견자)를 상정하고 매혹해야 하는 의무를 가진다. 이 밖의 것들은 잊히는 게 당연하다. 세상 모든 일이 그렇듯 말이다. 어쩌면 오늘날 더 중요한 것은 무엇을 보지 않을지, 무엇을 기억하지 않기로 결정할지(기억에서 사라지도록 내버려둘지)에 대한 것이다.

'어떻게 하면 더 많은 걸 기억할 수 있을 것인가?'라는 질문을 <u>'무엇을 읽고, 무엇에 사로잡히고, 무엇에 어떤 방식으로 머무르고 또 통과할 것인가?'</u>라는 질문으로 바꾸어 보면 어떨까. 그렇게 할 때 우리는 조금 더 부담 없고 흥미로운 방식으로 편협해지고, 자유분방하게 텍스트의 행간을 누빌 수 있을 것이다.

---

* 그래프턴 태너, 《포에버리즘》, 김괜저 옮김, 워크룸프레스, 2024, 49쪽.

4. 쓸모없는 메모의 지대

**나의 메모 상자에는 거의 잡동사니밖에
존재하지 않는다.**

유용한 것으로부터 얻어낼 수 있는 이익은 누구나 알지만, 쓸모없는 것으로부터 얻을 수 있는 이익을 아는 사람은 아무도 없다.[**]

'무엇을 볼 것인가?'라는 질문을 생각해보자.

메모 열풍은 기본적으로 생산성에 대한 강박, 모든 걸 '나의 돌멩이'로 안전하게 수집해둘 수 있다는 감각에 기반한다. 마치 해변에서 빛깔이 좋은 적당한 크기의 돌들을 모

[**] 올가 토카르추크, 《죽은 이들의 뼈 위로 쟁기를 끌거라》, 최성은 옮김, 민음사, 2020, 340쪽.

아 나란히 늘어놓거나 동물의 뼈를 가지런히 수집하는 박물 취미처럼 말이다.

수집품은 너무 개성이 강하거나 크기가 지나치게 커서도 곤란하다. 내가 얻기로 의도한 정보, 안전한 정보, 쓸모가 있으면서 동시에 정해진 용도에서 한 치도 벗어나지 않는 정보, 적당히 요약된 핵심 등만 캐비닛에 들어갈 수 있다. 이 과정에서 가장 쉽게 버려지는 것들은 정체와 쓸모가 명확하지 않으면서도 독자에게 당당하게 제 자리를 요구하는 종류의 잡동사니적 텍스트다. 이런 텍스트는 독자를 비효율적이고 산만하게 만들고, 심지어 길에서 흔들어 굴려 떨어뜨릴 수도 있다.

잡동사니적 텍스트는 유용한 정보만을 남기겠다는 '온라인 정화 운동'을 통해서도 구원받기 어렵다. 수십 년간 온라인 텍스트 생태계는 '복사와 붙여넣기'로 이루어진, 자극적인 낚시성 정보 더미로 신음해왔다. 이에 언론 및 다수의 온라인 텍스트 서비스 제공자들은 유용하고 중요한 소식들, 독자에게 영양가가 있을 만한 프리미엄 교양, 영감 도시락 같은 유료 콘텐츠들을 제공하기 시작했다.

문제는 여전히 어떤 종류의 글들은 정크 콘텐츠 쪽이든 몹시 쓸모 있는 콘텐츠 쪽이든 두 극단 모두에서 한사코 주목받지 못한다는 점이다. 그나마 책에서는 얼기설기 함께 묶여 구석에 숨어 있다가 '대강 유용한 것처럼 속여 넘길 수' 있었던 종류의 쓸모가 모호한 잡동사니적 글들 말이다.

나는 당신에게 한 난감한 글 뭉치에 대해 상상해볼 것을 권유하고 싶다. 예를 들면 이런 것들이다.

- 흡연하면서도 건강하게 장수하는 방법을 담은 의사의 글
- 중세시대의 가정 예절을 다룬 책
- 뜀뛰기를 잘하는 개구리에 대한 이야기
- 쓸모없는 책에 대한 서평집
- 버스 운전기사의 생활에 대한 글
- 직접 새가 되어본 한 학자의 체험담
- 문명을 통째로 만들어버린 사기꾼
- 집요한 논증을 통해 자살을 예찬하고 스스로 자살로 삶을 마감한 작가의 글

이상은 실제로 존재하는 책들 혹은 책 속 이야기의 내용이다. (이 중 일부는 실제로 내가 뉴스레터에서 다룬 책이기도 하다.) 사실 '쓸데없는 주제에 대한 글' 외에도 유용해 보이는 책, 고전 속 '쓸데없어 보이는' 대목, 저자들이 아주 사소한 것에 붙들려 써 내려간 내용들도 많다. 애츠에 쓸모만을 기준으로 책을 써야 한다면 대부분의 소설이나 벽돌책들은

분량이 절반 이하로 줄어들어야 할 것이다.

오늘날 체계적인 메모를 해서 무언가를 저장/기억한다고 할 때, 그것은 과연 이런 잡동사니들을 끌어모으겠다는 의미일까? 나의 두뇌 바깥에 메모 정리 기술을 통해 제2의 뇌를 만들 수 있다는 '세컨드 브레인'적 환상에 취하기 이전에 생각한다. 마녀의 만능 솥 안에 우리가 집어넣으려는 것들은 무엇인가? 효율적이고 지옥 같은 잡탕의 결과로 도래하는 산출물은 과연 무엇이 될 것인가?

나의 메모상자에는 거의 잡동사니밖에 존재하지 않는다.

뉴스레터 〈인스피아〉가 '해찰'이라는 콘셉트를 잡긴 했지만, 만약 대중 지향의 뉴스레터를 쓴다는 목적이 아니었다면 내 독서노트는 그야말로 훨씬 더 쓸데없는 것들, 구제불능의 잡동사니로만 가득했을 것이다.

논리적인 감상이나 줄글, 논리, 핵심 요약만으로는 잡동사니를 사랑하는 나의 마음, 그리고 우리의 즐거움과 삶을 설명할 수가 없다. 내 독서노트는 대체로 '설명할 수 없지만 무언가 흥미롭고 재밌어서 일단 잠깐이라도 그 속에 머무르고 싶은 것들'의 모음이다.

미들섹스 스트리트에서 시장 군중들 사이에 지저분하고 단정치 못한 여자가 다섯 살짜리 개구쟁이의 팔을 끌고 가고 있었다. 그녀는 아이의 얼굴 앞에 양철 나팔을 휘둘렀다. 꼬마는 떼를 쓰고 있었다.
"재미있게 놀아!" 하고 어머니가 고함쳤다. "널 여기 데려와서 나팔이니 뭐니 다 사주었는데, 왜 그랬겠어? 너 엉덩이 좀 맞을래? 이 원수덩어리야. 재미있게 놀아야 되잖아!"
나팔에서 침이 몇 방울 떨어졌다. 어머니와 아이는 둘 다 소리를 지르면서 사라졌다. 파리를 다녀온 뒤에는 모든 것이 매우 괴상하게 보였다.[*]

처음 로저를 만나러 가면서 나는 웃기는 단경을 쓰고 갔다. 입은 옷도 정상적인 차림이 아니었다. 머리는 약간 길었다. 그리고 옷 위에는 해군 정보 부대 배지를 달고 갔다. "그건 무슨 배진가"라고 그가 물었다. "당신 차 타이어에

---

[*] 조지 오웰, 《파리와 런던의 밑바닥 생활》, 신창용 옮김, 삼우반, 2008, 177쪽.

오줌을 싼다는 뜻이에요"라고 내가 대답했다.*

이런 구절을 정성 들여 써두지만 이걸 언제 어느 순간에 써먹을 수 있을지는 모르겠다. 누군가에게 재밌다면서 이런 구절을 소개한다면 멋지게 아는 척하는 데도 실패하고 그저 상대방을 깜짝 놀라게만 만들 것이다. 애초에 나중 일은 덜 생각한다. 그냥 맞닥뜨렸고, 재밌었고, 그 안에서 머무르기 위해 써두기로 결정한 것뿐이다. 이런 경우가 대체로 절반 이상이다. 나는 나의 거대한 잡동사니함에서 이런 절묘한 구절, 대목들을 끝없이 뒤적여 꺼내어볼 수 있다.

VR의 아버지라 불리는 1세대 엔지니어 재런 러니어는 자서전에서 어린 시절의 아버지와 연관된 재미난 일화를 소개한다. 1950년대 뉴욕과학소설작가협회 회원이었던 재런 러니어의 아버지(엘러리 러니어)는 젊었을 적 SF 작가들 사이에서 터무니없이 이상한 방법으로 돈 벌기를 두고 하는 내기가 유행한 적이 있었다고 말한다. 예를 들어 미국 SF의 거장 아이작 아시모프는 한 싸구려 SF 잡지에 밑도 끝도 없이 "*긴급. 이 사서함에 1달러를 송금하시오*"라는 짤

---

* 로저 코먼, 《나는 어떻게 할리우드에서 백 편의 영화를 만들고 한푼도 잃지 않았는가》, 김경식 옮김, 열린책들, 2000, 194쪽.

막한 한 줄 광고를 냈다. 그러자 돈이 쏟아져 들어왔다. 엘러리 러니어도 만만치 않은 아이디어를 냈다. 그는 독자들을 향해 '당신의 아기가 처음 쓴 배변 기저귀를 착불 택배로 보내면 그것을 청동 주물로 제작해주겠다'그 광고를 냈는데, 광고에 적힌 주소지는 미국 나치당 당사였다.**

어째서 나는 이처럼 모호한 글들, 짤막하고 기묘한 에피소드들, 어리둥절해지는 구절들, 책의 핵심 내용과는 별 관련이 없는 가장 유용하지 않은 모퉁이, 자투리들에 강렬한 매력을 느끼는 것일까?

내 상자 속의 문장과 일화, 조각들은 책의 구석에서 제멋대로 끌어왔지만, 파티장 중앙의 가장 빛나는 샹들리에가 아닌 냅킨 같은 것이라서 훔쳐도 대체로 눈에도 띄지 않는 것들이다. 애초에 그 '창작자'가 저자가 아닌 경우도 많다. (책 속 인용을 그대로 옮겨 적어둔 것도 많다는 이야기다.) 하지만 나는 저 모든 문장에 대해 느끼는 감정들이 있고, 그 '순간'들 때문에 문장들을 훔쳐서 베개 밑 상자에 탐욕스럽게 욱여넣었다.

심지어 이런 문장까지 넣어놓기도 했는데, 이 문장을

** 재런 러니어, 《가상 현실의 탄생》, 노승영 옮김 열린책들, 2018, 49~50쪽.

일기장에 쓰는 수전 손택과 그걸 읽은 내가 다시 노트에 적어두는 모습이 액자 속 액자 꼴이다.

> 도서관 사서 같은 내 심리: 아무것도 내버리지 못하거니와 (말 그대로) 모든 걸 "흥미롭고" 수집할 가치가 있다고 여기는 것.
> ― 사람들 말을 베껴 쓴다.(예를 들어 프랑스어로.)
> ― 영국 주간지를 오린다*

왜 나는 완결된 이야기가 아니라 그 밖의 배경 등 다른 것들에 주목하는가? 왜 나는 되다 만 무언가에, 어설픈 것들에 주목하고 그런 것들에 주목하는 방식으로서 메모를 '쓰는 것 자체'에 집착하는가?

❖

어쩌면 내가 책 속에서 영문도 모르는 채 건져내는 어떤 종류의 빛나는 것들은, 그 자체로 책이라는 (대체로 일관

---

* 수전 손택, 《다시 태어나다》, 데이비드 리프 엮음, 김선형 옮김, 이후, 2013, 326쪽.

적인) 기획에 완전히 편입되지 못한 메모의 조각일 수도 있다. 나는 좋은 책과 나쁜 책을 가르는 기준을 가지고 있지도 못하며, 그런 이야기를 하려는 것도 아니다.

다만 그간 내가 읽어온 어떤 종류의 책들에는 반드시 책의 전체적인 내용의 안정적인 일관성을 흩뜨릴 만한 기묘한 조각들이 존재했다. 그런 건 대체로 예측 불가능했고, 예측 불가능한 방식으로 독자인 나를 다른 방향으로 끌고 갔다. 나는 책 자체보다 그런 경험에서 맹렬한 즐거움을 느꼈다. 그리고 확신컨대, 아마 필자도 그 대목을 쓰면서 혹은 그 대목을 쓰기 위해 오래전 어떤 메모 조각을 채집하는 순간에 즐거움을 느꼈을 것이다. 그래서인지 나는 대체로 어떤 책에 대해서든 책 자체에 더한 감상보다는 그 책 속 메모였음 직한 것에 대해 말하게 된다.

조르주 아감벤은 한 강연에서 "책의 이전"이라는 테마에 주목한다. 그것은 책이 되기 전의 수상한 메모, 무언가를 완성해가려는 욕망, 잡히지 않는 것을 잡으려는 헛된, 하지만 집착할 수밖에 없는 종류의 증폭되는 코나투스 conatus(철학자 스피노자가 제시한 개념으로, 존재가 자신의 존재를 유지하고 확장하려는 내적 경향성, 자기 보존의 의지를 말한다)를 가리킨다.

> 내가 이 "책의 이전"이라는 표현으로 가리키려는 것은 책 또는 완성된 작품을 선행하는 모든 것들, 가령 <u>낙서, 메모, 초고, 노트, 유령 등으로 이루어진 이전 또는 이하의 세계, 이들의 고성소</u>다. 우리 문화는 이러한 요소에 정당한 위상이나 적절한 모양새를 부여할 줄 모른다. 이는 아마도 우리가 창조나 작품에 대해 품고 있는 생각에 신이 세상을 창조했다는 신학적 패러다임의 무게가 …… 창조 순간 fiat의 무게[무無에서 이뤄낸 창조]가 실려 있기 때문일 것이다. …… 이런 논리에 따르면 신은 세상을 창조하기 전에 메모도, 초안도 작성하지 않았다는 결론을 내릴 수 있다.* (강조, 첨언은 저자)

과연 완결된 관찰이란 무엇인가? 깨달음은 완결될 수 있는가? 어떤 치열한 잡동사니가 '끝나는', 그로서 '완성되는' 지점이란 어디인가? 벽에 내걸리고, 제목이 붙고, 역사적 컬렉션에 포함되는 '것'들은 무엇인가? 그 모든 '사이'의 영역은 지워져도 괜찮은 걸까?

4년 동안 발행한 뉴스레터 〈인스피아〉는 사실 내게 '메모의 메모'에 가까웠다. 나는 메모 가운데 많은 것들을

---

* 조르조 아감벤, 《불과 글》, 윤병언 옮김, 책세상, 2016, 140~141쪽.

원문 텍스트에서 길어낸다. 그리고 그것들을 포괄하거나 다른 방식으로 관통하는 또 다른 '메모'를 엮어 그대로 독자 앞에 밀어놓는다. 뉴스레터에서는 내가 읽은 과정, 쓰는 과정에서 느낀 점들을 가감 없이 최대한 날것으로 내놓으려 노력했다. 〈인스피아〉의 해찰이라는 낯선 단어의 콘셉트는 반드시 일관되고 쓸모 있는 무언가를 말하지 않아도 된다는 일종의 면죄부를 부여해왔다. 이 때문에 나는 쓸모나 교훈, 당위에서 벗어나 상대적으로 메모-쓰기 자체에 집중할 수 있었다. 즉, 레터를 쓰기 위한 채집 및 집필의 경험 자체가 다양한 층위에서 메모 쓰기의 연속이었던 것이다.

한 가지 사소한 문제가 있다면, 이런 메모가 다시 '책'으로 편입되기는 어렵다는 것이다. 책 지상주의자는 아니지만, 나는 그 순간의 소통들, 파편들, 그것 그대로를 보존하고 싶었고 이 가장 찬란했던, 나를 괴롭혔던 조각들이 다른 이들에게도 마찬가지의 가치를 지녔으면 했다. 서비스 종료와 함께 DB가 날아가고 재로 화하는 대신…… 책처럼 고유의 묘비명(ISBN)을 부여받고 반영구적으로 박제되어 안전한 방주에 누워 있기를 바란 것이다. 언젠가 온라인에서 사라지게 되더라도 그 글들을 누군가 읽을 수 있다면 좋겠다고 생각했다.

하지만 뉴스레터로 발행한 글들을 책으로 엮어내기는

어려웠다. 애초에 책으로 만들기 위해 쓴 글도 아니었고 어떻게 보아도 책에 어울리지 않았다. 지나치게 시의적이라 (재밌는 건 나는 시의적인 글을 쓰는 데 지쳐서 〈인스피아〉를 시작했다는 사실이다) 책에 어울리지 않고, 완성된 하나의 작품도 아니고, 남의 글들에 대한 직접인용이 상당수를 차지해 '독창적'이라고 하기도 애매한, 순간순간의 깜짝 놀람과 에너지만 터져나갈 듯 가득한 즐거운 유령 같은 글이었다. 게다가 그 많은 하이퍼링크와 쓸데없는 각주들은? 수많은 이미지들, 글들의 저작권은?

지나치게 시의적인 글은 '책'에 담을 수 없다.

인용이 너무 길고 거기에 의존적이다.

'남의 글'들이 너무 많다……

물론 자비출판으로 억지로 책 비슷하게 만들어볼 수도 있겠지만, 책이라는 형식에 끼워 맞추려다보면 원래 뉴스레터의 생동감과 글의 매력은 모두 빛이 바래고 말 것이다. 글의 시의성 및 인용문을 꼼꼼하게 옮겨 적은 필사, 피드백, 각주, 하이퍼링크까지도 포함해 나의 메모다. 그것들이 빠지면 집에서 어느 공간을 들어내는 꼴이다. (뉴스레터를 지면 기사에 이식할 때도 이런 종류의 막대한 유실이 일어난다.)

'책'으로 완결될 수 없는 어떤 종류의 '덜된' 나의 메모, 남의 것들로 가득한 마당, 덮는 순간 사라질 미약한 떨림,

읽기와 쓰기 사이에 있는 긴장, 세상에 '나'와 텍스트밖에 없는 것처럼 느껴지지만 그것이 미약하게나마 세계와 연결되어 있다는 감각, 반드시 읽히겠다는 일념하에서 쓰인 묘한 틈새의 글쓰기, 딱딱한 논문의 외피를 패러디했지만 가장 비형식적인 글, 빙빙 제자리를 돌고 헤매고 덧쓰이고 도중에 존재하고 미완일 수밖에 없는 상념들은 대체 어디로 가야 하는가? 책으로 묶일 수 없는 그것들은 비눗방울처럼 허공을 떠돌다가 그런 종류의 글을 읽고 싶었던 독자의 마음에 가닿아 '일회성'으로 터져 사라질 뿐이다. 마치 눈 위에 찍힌 발자국처럼, 지나가다 마주친 거리의 공연처럼, 찬장 속 기름병을 포장하는 일 말곤 별다른 쓸모가 없는 어제의 일간지처럼…… 그것은 내게, 그리고 당신에게 어떤 흔적을 남길 것인가?

책의 자리엔 아쉽게도 나의 그런 메모를 담을 틈새가 없었다. 책 '이전'에는 그런 것들이 있다. 나는 어쩌면 책 자체보다도 이 '이전'에 관한 것들에 매혹된다. 만약 책에 '이후'가 있다면, 그것은 차라리 책 이전과 더 닮아 있을 것이다.

근대적인 책이라는 물성의 돌파구도 거기에 있지 않을까. 만약 돌파구라는 게 필요하다면 말이다. 없는 책, 일단 누구도 원하지 않는 책, 되지 못한 책, 되다 못한 책들에 대한 무언가, 허공을 빙빙 도는 깜빡깜빡한 파편들……

5. 딴짓하는 읽기/메모

**우리는 왜 한사코 '안 읽기/딴짓'의
유익함과 즐거움에 대해서는 말하지 않는가?**

　과거 프랑스 주간지 〈르 누벨 옵세르바퇴르〉는 총 196명의 작가에게 "당신이 무인도에 가져갈 세 권의 책은 무엇입니까?"라는 질문을 던져 작가들을 당황하게 만들었다. 이 질문에 작가들이 제각기 다양한 대답을 내놓았는데 예를 들면 이런 것들이었다. "차라리 익사하는 게 낫다. 독서란 많은 책을 읽을 가능성이 있어야 의미가 있기 때문이다."(에두아르도 멘도사)* "책이라고? 무인드에서? 뭐 하러?"(응우옌 후이 티엡)**

---

* 프랑수아 아르마네, 《무인도의 이상적 도서관》, 김희진 옮김, 문학수첩, 2018, 158쪽.

그중에서도 가장 인상적인 답변은 움베르토 에코가 고른 '단 한 권의 책'이었는데 그것은 바로 전화번호부였다. 그는 그 이유에 대해 "그 많은 이름들을 보며 무한한 이야기들을 쓸 수 있을 테니까"*라고 짧게 덧붙였다.

이 간단한 질의응답의 기획은 '텍스트의 풍요'로 일컬어지는 시대, 독서의 두 가지 측면을 우리에게 일깨워준다. 그것은 바로 '섭렵하는' 독서와 '촉발하는' 독서다.

섭렵하는 독서는 기본적으로 텍스트와 '나' 중 전자에 초점을 맞춘 독서다. 섭렵하는 독서에서는 '무엇을' 읽느냐가 중요하다. 훌륭한 책을 읽는다면 훌륭한 독서가 된다고 믿는 것이다. 문제는 훌륭한 책이 세상에 너무 많아서 죽을 때까지 다 읽어도 도저히 다 못 읽을 지경이라는 것이다. 이 경우 유일한 대응책은 훌륭한 책의 바닷물을 꾸역꾸역 '가능한 지점까지' 최대한 성실하게 마시려고 노력하는 것이다. 하지만 이는 대체로 불가능하기 때문에 '텍스트의 풍요'라는 시대에 많은 독자들은 초역본이나 단 한 권으로 핵심만 알려준다는 책에 솔깃한다.

한편 촉발하는 독서는 텍스트와 '나' 중 후자에 초점

** 같은 책, 172쪽.
* 같은 책, 73쪽.

을 맞춘다. 어떤 텍스트를 보더라도 그것이 내게 어떤 영향을 미치는지, 어떤 생각과 감정을 불러일으키는지에 집중한다. 아무리 훌륭한 텍스트여도 아무런 생각거리나 감정을 불러일으키지 못한다면 별 의미가 없다. 반면 그다지 작품성을 인정받지 못한 훌륭하지 않은 책(혹은 책이 아닌 것)이라고 할지라도 내게 달라붙어 수많은 이야기들을 풀어놓는다면 그것이 설령 '좋은 책'은 아닐지언정 '좋은 독서'라고는 할 수 있다. 움베르토 에코에게 전화번호부는 '좋은 독서'를 가능하게 하는 텍스트였다.

당연한 얘기지만 외부에 무언가가 '있다'는 이유만으로 풍요로 이어지지는 않는다. 무엇을 만나더라도 그것에 주목하고 거기서 이야깃거리를 찾아내고 그것과 함께 놀아보는 것, 높은 해상도로 무언가를 즐기는 것은 외부에 무언가가 '있으므로' 자연스럽게 발생하는 일이 아니기 때문이다. 빽빽한 전화번호부를 무수한 이야기로 '읽어낼 수' 있는 능력은 분명 아무에게나 있는 것은 아니다. 무언가를 마주하고 거기서 이야기를 뽑아내는 일은 충돌에 뒤이은 의도적인 지연이다. 이는 직접 겪어냄으로써 비로소 표면 아래 혹은 밖에 있는 의외의 텍스트에 당도하게 되는 과정이다.

　우리 주변에는 수많은 단서들이 존재한다. 과도한 번잡함은 이 시대의 전유물이 아니다. 사람들은 항상 번잡함과 함께 살아왔다. 하지만 그 번잡한 수많은 단서들 가운데 어떤 단서에 '머무르는 순간'은 오늘날 가장 간과되는 측면이기도 하다. 이러한 현상은 독서 습관이나 리터러시 차원에서 바라보기보다 산업자본주의가 작동하기 위한 소비자의 기본 습관 차원에서 일별해보는 쪽이 이해하는 데 도움이 될지 모른다. 산업자본주의 체제에서 계속 '소비'하지 않는 것은 죄악이며 이에 기반한 죄책감 내지 불안감은 기계를 돌리는 핵심 동력이다.

　'책을 너무 안 읽는 시대'에는 책을 과도하게 많이 섭렵하려는 무한한 욕망, 의지가 북돋워야 할 바람직한 태도로 여겨진다. 이는 산업으로서의 출판에는 필수적인 소비자의 태도일지 몰라도, 엄밀하게 말하면 '촉발하는' 독서를 가능하게 하는 의도적인 휴지休止를 지우고 즐거움이 부재한 불모의 독서 풍토를 부채질하는 핵심 요인이기도 하다. 책을 펼쳐 드는 순간, 사람들은 몸에 유익한 유동식이 나오는 호스를 입에 문 것처럼 만족스러운 곤고함에 빠진다. 마치 가만히 앉아 있어도 목적지로 데려다주는 전철에 앉아 있는 것 같은 뿌듯한 즐거움.

나는 오늘날 '책 읽기'에 대해 생각한다. 그것은 쓰인 페이지인 동시에 쓰일 수 있는 백지에 대한 감각이자, 잠시 멈춘 상태로 멍하니 '안 읽기'의 시간을 감각할 수 있도록 해주는 매체라는 차원에서다.

❖

우리는 왜 한사코 '안 읽기/딴짓'의 유익함과 즐거움에 대해서는 말하지 않는가?

기본적으로 한 책을 오래 붙잡고 읽는 것은 부자연스럽고 일방적, 강압적인 경험이다. 입을 닫고 10시간 동안 누군가의 이야기를 가만히 앉아 내리 그저 듣기만 해본 일이 있는가? 우리는 일상에서 대처로 그런 방식으로 소통하지 않지만 책을 읽을 때는 익숙하게 한다.

오늘날 걱정 많은 작가들은 참을성 없고 조급한 요즘 젊은이들이 심지어 '영화마저' 빨리 감기로 본다며 우려의 목소리를 내고 있다. 영상은 자고로 정속으로 처음부터 끝까지 감상해야 참맛을 느낄 수가 있다고 한다. 하지만 엄밀히 말하자면 그것은 '저자'가 의도한 속도와 리듬을 따르는 방식의 감상이다.

물론 그런 의견에 무조건적으로 반대하지는 않는다.

다만 단지 보는 데 시간을 들인다고 해서 '그것에 대해' 생각하는 여백이 절로 생기지 않는다는 사실을 짚고 싶다. 이는 천천히 처음부터 끝까지 정독한다고 해서 저절로 자기 나름의 생각이 '태어나지' 않는 것과 마찬가지의 일이다. 억지로라도 감상문을 써낼 수야 있겠으나 이는 감상문이라기보다는 원전의 열화 버전에 가까울 것이다. 글로 화할 만큼 뜨겁지도 않으며 무엇보다도 쓰기에 재미가 없기 때문에 마치 깜지를 채우듯 꾸역꾸역 채우는 것이다. '훌륭한 책을 기껏 읽었으니 잊지 않기 위해서' 말이다. 이는 성실한 일인데, 텍스트와 저자에서 '벗어나는' 것을 죄악시하고 무엇이든 흡수한 것은 일단 의문을 갖지 않고 달달 욀 것을 강요받아온 대한민국 공교육 방식에서의 성실함이다.

나는 예전부터 책을 읽고 자신의 생각을 엮어내는 건, 수업 중 몰래 어떻게든 딴짓을 하거나 책상 아래로 다른 책을 읽으려는 것, 친구와 주고받는 쪽지 쪽에 가깝지 않은가 생각해왔다. 여기서 '교실 안'이라는 요소 역시 중요한데, 만약 교실 밖이라면 딴짓이 되지 못할 것이기 때문이다.

책에 집중하는 것은 비일상적인 '갇힘'의 경험이다. 텍스트는 강제적으로 나를 가두고 텍스트를 쓴 저자는 독자가 자신의 리듬에 맞출 것을 강요한다. 이때 나는 '단상 앞에서 길게 떠드는 자'가 가끔 흥미로운 말을 하면 잠시 나태하게 귀를 기울이다가도, 썩 흥미롭지 않은 이야기를 시작한다면 귀를 닫고 곧장 딴생각으로 빠져들 수 있다. 단상으로부터 들려오는 텍스트는 나를 중심에 둔다면 수많은 배경 텍스트(잡음) 가운데 하나이다. 그것은 머리 위에서 큰 소리로 들려오지만, 경우에 따라선 무시할 수도 있다. 강당에 선 사람의 말하는 열의는 청자의 듣는 열의에 비례하지 않는다.

우리는 반발해야 할 고난이 없다면 거스를 기회를 갖지 못하며, 무언가에 대한 반항이야말로 인간이 무언가 새로운 것을 만들어내온 원동력이기도 하다. 강제된 시간 속에서 단상의 이야기를 따라가다가도 때론 과감하게 교과서에 낙서를 하고 딴짓을 하는 그 일탈적 놀이의 경험이 얼마나 즐거운지 우리는 알고 있다.

어떤 텍스트에 귀를 기울여도는 것이 의미가 있는 이유는, 단지 배울 점을 찾고 그것을 오롯이 흡수하기 위해서뿐 아니라 그것이 어떤—나조차도 몰랐던—세계와의 불화, 어긋남을 감각하게 되는 방법이기도 하기 때문이다. 미끄러지듯 텍스트를 읽다가 '딴짓을 위해 멈추는 순간이야말로 가장 중요하다. 이어령은 "독서는 마지막 페이지를 만나기 위해서가 아니라, 멈출 지점을 만나기 위해서 읽는 것이다"*라고 말했다. 그리고 그 멈춤의 지점으로부터 텍스트와 내가 만나 무언가가 촉발되는 분기가 시작된다.

이는 책이든 무엇이든 내가 만나는 텍스트를 그저 좋은 말씀이나 영양제 같은 것으로 생각해서는 불가능한 일이다. 그래서 무언가를 읽을 때는 <u>적극적 딴짓의—책을 붙든 채 멍하니 딴생각을 하며 무언가를 끄적이는</u>—시간이 필요하다. 이 모든 과정에서 무언가를 단지 수동적으로 얼마나 많이 섭렵했는지에만 집중하는 것은 걸음수로 여행의 즐거움을 유추하는 것과도 비슷한 일이다. 만약 여행 중에 충분히 멈춰서 주목하고 싶은 것이 많았다면 그 사람은 적게 걸었을 것이며, 우리는 더 많이 걷기 위해 여행을 하는 것이 아니다.

문학평론가 김현의 《행복한 책읽기》를 처음 읽은 건 대학생 때였다. 그 당시엔 제목만 보고 별생각 없이 집어들었던 책이지만, 왠지 모르게 오래도록 그 내용보다도 형식이 기억에 남았다.

《행복한 책읽기》는 얼핏 보기에 독서의 즐거움을 예찬

---

* 김종원, 《이어령과의 대화》, 생각의힘, 2024, 46쪽.

하는 서평집이나 독서 에세이 같아 보이지만, 그냥 일기다. 그런데 좀 특이한 일기다. 매일 적는다는 의미에서 일기는 일기인데, 모든 내용이 온통 이런 식이다. '○월 ○일, 누구의 무슨 작품을 읽었다. 어떠했다', '○월 ○일, 와이프와 영화를 보고 와서 무슨 작품을 읽었다'. 물론 출간을 위해 일기를 정리하는 과정에서 읽기와 관련 없는 내용을 어느 정도 제했을 가능성은 있지만, 그 당시 나는 어떤 사람의 삶이 이렇게도 매일같이 온통 읽는 것으로만 이루어질 수 있구나, 하며 단순하게 감탄했다. 그리고 생각했다. 만약 하루에 자신의 삶을 구성한 것 가운데 의미 있었던 무언가를 적는 게 일기라면, 항상 그날 몇 시에 밥을 먹었고 누구와 놀았고 어디에 돈을 썼고 무엇을 했다는 보편적이고 지루한 일상의 반복을 적을 이유만은 없는 것이다. (물론 그런 작성도 아주 의미가 없진 않다만.)

그러한 깨달음에서일까. 나는 일기와 독서노트를 언젠가부터 거의 붙여 쓰게 되었다.

나는 독서노트에도 반드시 날짜를 적는다. 그리고 그날 골똘히 생각한 내용을 대체로 그냥 독서노트에 다 적어버린다. 그래서 노트의 제목(=책 제목)들을 봐서는 대체 그 안에 무엇이 적혀 있는지를 알 수가 없다. 둘론 장르라든지 저자의 국적, 출간일 등에 대한 일체의 분류도 전혀 없다.

물론 독서노트가 아닌 다른 무언가여도 좋겠지만, 내 경우는 현실적인 이유로 일기의 대부분은 독서노트가 중심이 되었다. 매일같이 무언가를 기록하는 사람이라면, 예를 들어 가계부를 쓴다면 거기에 틈틈이 자신의 삶에 대한 메모를 덧붙일 수도 있을 것이다.

　일기의 특징은 사실 '기록한다'보다는 '매일'에 있다. 그날그날 발생한 일을 바로 그날 적은 것이기 때문에 가장 생생한 날것의 감정과 그 순간의 미묘함에 완전히 젖어든 채 손바닥으로 물을 얼마간 떠올릴 수 있게 되는 것이다. 하루이틀만 지나도, 불과 10분만 지나도 그 아주 잠깐의 사소하고도 미묘한 감정과 발견은 수많은 날들의 일상 중 하나로 사라져버리고 만다. 만약 내가 책을 읽고 한 생각들을 한참 뒤에 이러저러하게 자세히 노트를 쓰려고 했다면 책을 읽은 효과('불현듯' 외부의 무언가와 내가 엮여 촉발되는 생각)를 충분히 이용하지 못했을 것이다.

　예를 들면 근래 읽은 코바야시 타키지의 사회소설 《게 가공선》 노트를 쓸 땐 저자가 그려낸 세계의 핍진함보다도 그 세계의 '흐릿함'에 더 깊은 인상을 받았다.

　소설가 코바야시 타키지는 이십 대 초반의 나이에 체포, 고문으로 사망했는데, 생전 그의 직업은 어업과는 전혀 관련이 없는 은행원이었다. 그는 직접 게 가공선을 타본 적도 없었고, 따라서 그가 얻을 수 있었던 정보는 모두 간접적인 것뿐이었다. 그가 이 소설에 치밀하게 묘사한 모든 풍경은 그가 상상 속에서 떠올려 적은 것이다. 그러다보니 때로 어떤 대목은 마치 AI 일러스트처럼 지나치게 헐겁고 전형적으로 묘사되고 배경에 대해서는 거의 제대로 된 묘사가 없는 반면, 어떤 대목은 마치 자신이 직접 생생하게 체험하고 관찰한 것임을 강조라도 할 심산인 양 과하게 촘촘한 묘사로 이루어져 있다. 이를테면 이런 대목이다.

> 파도는 보자기라도 집어올리듯 구수한 삼각형을 만들며 일기 시작했다. 바람이 갑자기 돛대를 울리며 불어왔다. 짐을 덮어둔 마포 자락이 갑판을 파닥파닥 두들겼다.
> ……
> 어느새 바다는 온통 하얀 '물보라'를 날리는 삼각파도로 뒤덮였다. 그 모습이 마치 무수한 토끼가 대평원을 뛰어다니는 듯했다.*

혹자는 이런 묘사의 모호함과 불균형을 두고 취재도 없이 책상머리에 앉아 쓴 소설의 한계('은행원이 쓴 보잘것없

---

* 코바야시 타끼지, 《게 가공선》, 서은혜 옮김, 창비, 2012, 39쪽.

는 소설')라고 혹평했지만, 나는 게 가공선이라든지 프롤레타리아트라는 단어와 꽤나 먼 세계에 있는 은행원 청년이 그 광경에 대한 상상으로 글자를 적어 내려가게 된 심정과 계기 쪽이 신경 쓰였다.

오늘날 자신의 삶과 다른 삶을 '가상'으로나마 떠올려 보는 이들은 얼마나 존재하는가? 그리고 단지 어떤 풍경 묘사의 핍진성이 그 자체로 작품의 메시지와 생명력을 결정하지도 않는다. 《게 가공선》은 2000년대 초반, 약 80년의 세월을 두고 재출간되며 오늘날 일본 청년들의 빈곤, 노동문제와 연결되었고 일본에서 일약 베스트셀러에 올랐다.

책의 핵심 내용에서 동떨어진 노트를 쓰기 위해선 때로 의식적으로 책의 볼륨을 낮출 필요도 있다. 《게 가공선》을 읽고 쓴 독서노트에는 단지 '그때' 읽고 적었다는 이유만으로 딥페이크 범죄와 관련된 내용이 한참 길게 적히기도 했는데, 이처럼 책의 중심 내용과는 전혀 다른 맥락의 노트를 이어갈 수도 있다.

엘리트 부모를 두지 않은 이들은 설령 '신분 상승'에 성공하더라도 같은 직종(신분)의 엘리트 부모를 둔 이들보다 성공할 수 없다는 분석을 내놓은 사회학자 샘 프리드먼과 대니얼 로리슨의 저서 《계급 천장》을 읽으면서는, 읽는 내내 저자들의 훌륭한 분석과는 별개로 조금은 다른 방향의 생각이 피어올랐다.

　'신분 상승'과 '계급 천장'이라는 표현은 그 자체로 어떤 의미를 전제한다. 신분에는 아래와 위가 존재하고, 천장은 더 위로 올라가는 것(긍정적인 가치 획득의 움직임)을 좌절시키고 막는 방해물이므로 제거돼어야 한다는 것이다. 하지만 과연 노동계급 부모를 둔 신진 엘리트는 천장에 막힌 것인가? 예를 들어 노동계급 부도를 둔 어떤 인물이 뛰어난 성적으로 변호사 시험에 합격해 거대 로펌에 들어갔다고 하자. 그런데 거기서 파업 노동자에게 거억의 손해배상 소송을 진행하는 업무를 하다가 자신의 노동자 아버지가 떠올라 그런 일을 '하지 않겠다'고 선언하고 느동자들의 편에서 일하는 NGO로 옮길 수도 있지 않은가 하는 것이다. 만약 보수적인 언론사의 기자가 되었다면 '복지 귀족'과 관련된 기사를 쓰면서 최저생계비 수급 가정 출신인 자신의 경험을 떠올리고 '현실은 이렇지 않다'는 데 괴로워할 수도 있다. 당연히 자신의 직장에서 이런 이야기를 하는 데 넉살 좋게 끼어들기도 어려울 것이다.

　자신이 선 자리에서 올바르지 않은 것이 괴로워할 수 있다는 것은 고귀한 능력이다. 물론 노동계급 출신이라고 해서 모두 노동계급에 친화적이라고 볼 수는 없겠지만, 적어도 이들에게는 현재 자신이 존재하는 위치와 다른 세계에 대한 감각이 존재한다. 자신이 원래 속한 세계에 대한 고유한 감각, 당사자성과 이에 기반해 올바른 것을 추구하려는 시도는 가치 설정이 잘못된 세계 안에서는 '신분 하강'이 된다.

이런 이야기 외에도 나는 《계급 천장》을 읽으면서 이런저런 주제에 대한 메모를 적어볼 기회를 가졌다. 그것은 때론 위에 적은 것처럼 책의 주제와 관련된 것일 수도 있지만, 그렇지 않은 경우도 많다.

하여튼 매양 이런 식(장문의 주절거림)이니 특정 책에 대한 서평이라든지 독후감이라고 부르기가 면구스러울 정도다. 그냥 그 순간의 막연했던 고민을 책을 '구실 삼아' 펼쳐놓는다고 하는 편이 맞을 것 같다. 이런 메모는 통상적인 '기억을 하기 위한 메모'와는 조금 다른데, 전혀 간결하지도 않고 분류하기에도 모호하기 때문이다. 그러나 재밌는 것은 이렇게 길게 쓰고 나면 그 책의 내용은 거의 잊어도 이런 생각을 했던 기억만큼은 선명하게 남아서 결과적으로 억지로 기억하려고 했던 것보다 더 잘 기억에 남더라는 것이다. 그리고 사실 이는 특정 책에 대한 내용이라기보다는, 그냥 책을 읽으면서 나의 생각을 좀 더 가다듬은 것에 가깝다. 이런 기록은 '글감'이 되고 나중에 어딘가에 써먹을 일이 생긴다. 왜냐면 그 책을 집어 든 순간에 이미 '써먹어두었기' 때문이다. 나는 어디에 써먹을 생각만으로는 이런 기록을 남기지 못하는 사람이고, 그렇게 쓰지도 않는다.

<u>그저 이런 메모를 쓰는 과정 자체가 재밌다.</u>

❖

메모의 흥미로운 점은 그것을 써 내려가는 순간 나의 자의식이나 의도된 계획, 질문보다도 예정에 없이 맞닥뜨린 무언가에 대해 어리둥절해하는 모습이 메모에서 드러난다는 점이다. 무언가(사람이든 사건이든 풍경이든 텍스트든) '갑자기' 튀어나온다. 그리고 그 튀어나옴에 주목해서 메모를 계속 써 내려가다보면, 무언가 희미한 실다리가 보이기 시작한다.

이 때문에 유명한 작가, 소설가들의 정형적이지 않은 산문이나 노트, 일기를 읽는 걸 좋아한다. 가끔은 오히려 그의 작품보다도 이런 것들을 읽는 게 더 좋다.

존 치버 외에도 프란츠 카프카, 수전 손택 등의 작가들이 생전에 혹은 사후에 일기를 출간해왔고 여기에 담긴 그들의 난해함과 뾰족하고도 섬세한 이야기들은 사람들의 멱살을 잡아챘다. 그것들은 '완성된' 작품은 아니지만 모종의 다른 뾰족함을 가지고 독자에게 다가온다. '작품'이 될 수 있었던 것들의 기묘한 조각들, 아포리즘, 긴 글이 되지 못한 단상, 그날 먹은 스낵의 종류, 교회 예배 시간에 있었던 일까지 온갖 것들이 모두 가장 생생한 상황에서 작가들의 섬세한 눈으로 낚아채어진다.

이들의 일기를 읽을 때면 작품을 읽을 때와는 다른 방식으로 날것의 무언가(불안감, 행복감, 질투, 외로움, 갈등……)를 반드시 느낄 수 있다. 이는 '일기라는 장르'에 대한 이야기라기보다는 어떤 종류의 형태 없는 비죽비죽한 글이 품은 진정성(불완전하지만 흥미로운 시도와 실패의 포즈/태도)을 강조한 '에세이즘essayism'*에 가까울 것이다. 그런 태도는 생뚱맞아 보이는 것, 있는 그대로 있는 것을 오랫동안 그저 멍하니 들여다볼 수 있게 해주기도 한다.

기시 마사히코는 《단편적인 것의 사회학》에서 말한다.

유치원에 다닐 무렵 기묘한 버릇이 있었다. 길 위에 굴러다니는 무수한 돌멩이 가운데 아무것이나 적당히 주워 몇십 분 동안 지그시 바라보는 버릇이었다. 이 드넓은 지구에서 '이' 순간에 '이' 장소에서 '이' 나에게 주워 올려진 '이' 돌……. 무엇과도 바꿀 수 없음과 무의미함에 난 전율

---

* 브라이언 딜런, 《에세이즘》, 김정아 옮김, 카라칼, 2023.

할 만큼 한없이 감동했다.

…… 정말 좋아하는 일은 분석할 수 없는 것, 그냥 그곳에 있는 것, 색이 바래서 잊혀 사라지는 것이다.

난 인터넷을 뒤적거리면서 일반인들이 쓴 방대한 양의 블로그나 트위터를 쳐다보는 것을 좋아한다. 마치 물가로 떠내려온 말라비틀어진 나뭇조각처럼 5년이나 업데이트하지 않은 블로그에서는 어떤 아름다움이 묻어난다. …… 어딘가 학생이 쓰다 만 것 같은 '점심밥 나우 now' 같은 중얼거림에 진정한 아름다움이 있다. ……

…… 사회학자로서는 실격일지 모르지만, 언젠가 '분석할 수 없는 것'만 모아서 책을 내고 싶다는 생각을 품고 있었다.**

기시 마사히코가 사랑하는 이런 "분석할 수 없는 것"—단편—들은 일기와 두서없는 메모에서 불쑥 고개를 든다.

이런 것들이 대체 무슨 소용인가? 사실 소용없다. 하지만 애초에 우리 삶은 이런 것들로 이루어져 있다. 이런 것들을 각별하게 모아가기 위해서는 애초에 분류가 있으

** 기시 마사히코, 《단편적인 것의 사회학》, 김경원 옮김, 위즈덤하우스, 2016, 12~13쪽.

면 '안 된다'. 메모라는 무형식의 형식이 중요한 이유다. 그리고 이러한 무형식과 무분류는 반드시 일차적으로 메모가 나를 경유-통과해가도록 한다. 왜냐면 다른 사람들이라면 전혀 주목하지 않을 만한 것일지라도 나에게는 '왠지 모르게' 끌리는 것들을 모으게 되기 때문이다. 유용한 정보들만을 받아보는 이들에게서는 찾아보기 힘든 종류의, 구제불능의 잡동사니함이다.

언젠가 나는 '독서노트'라는 최소한의 형식(분류)마저도 벗어버릴 것을 고민하고 있다. '계속해서 써가는' 이들에게 일기는 특정 장르라기보다는 모든 분류될 수 없는 강렬한 상념과 잡동사니, 자투리들이 가장 수상한 방식으로 빛나는 집합체다.

그리고 나는 바로 이런 것들을 메모라고 부르고 싶다.

이런 종류의 글은 기본적으로 자리에 앉는다고 해서 써 내려갈 수 있는 종류의 글이 아니다. 틈틈이 가장 '영감'이 강렬할 때 순간순간을 최대한 섬세하게 관찰하고, 또 낚아채려는 시도 속에서 이런 글들은 쓰일 수 있다.

모든 의무감, 눈치, 번거로운 것들을 벗겨내고 나면 종이에 남는 것은 자신의 글조차 아닐 수도 있다. 하지만 그것은 적어도 '메모'다.

이미 발견되어 있는 화석을 모래사장에서 소중하게 집

어 올리는 행위, 만원 지하철에서 우연히 다주친 한 지친 얼굴에서 이미 존재했던 나의 얼룩을 찾는 헝위.

❖

이런 메모 쓰기는 비단 독자인 '나'에게간 의미가 있지는 않다.

독자적 경험으로서의 텍스트 읽기는 독자에게 의미 있는 경험이 되는 동시에 저자-작품에게도 좋은 일이 된다. 작품의 삶은 결코 그 텍스트의 너적 힘에만 갈려 있지 않기 때문이다. 어떤 작품은 단지 예상치 못했던 종류의 반발하는, 엉뚱한 언급에 의해서도 살아남는다.

과거 많은 텍스트들은 그 윌전이 되는 텍스트는 유실되었을지라도 다른 작가의 언급이나 각주에 의해 일부나마 살아남았다. 흥미로운 점은 그렇게 살아남은 텍스트들이 언급된 맥락이 반박 및 논쟁인 경우가 꽤나 많았다는 사실이다.

예를 들면, 켈수스의 《참된 교리에 대하여》는 원문이 유실되었지만 3세기의 변증법적 성서학자 오리게네스에 의해 조목조목 반박됨으로써 기묘한 방식으로 오늘날까지 생명력을 이어올 수 있게 되었다. 학자들의 추산으로는 켈

수스의 원문 중 50~90퍼센트 정도가 오리게네스의 인용과 반박으로 고스란히 화석화되어 살아남았다고 한다.*

이를 다르게 생각해보면 단지 물 흐르듯 수긍하게 되는 텍스트보다도 무언가 걸고넘어지거나 반박해보고 싶은 텍스트일수록 후대에 살아남을 가능성이 높았다고 볼 수도 있지 않을까? 실제로 오늘날 영원한 명예를 얻은 것처럼 보이는 작품들 중 상당수는 당대에 처절한 수준의 악평에 시달리기도 했다. 이런 악평들을 보며 후세 사람들은 '역시 당대인들은 안목이 부족해서 이런 보석 같은 대작을 제대로 알아보지 못했군……'이라고 반응하곤 하지만, 이런 반응은 본질을 제대로 붙잡지 못한 것이다. 《악평》의 엮은이는 독특하게도 그 자신의 신분(서평가)에 기반해 악평자의 (굳이 그것을 쓰고야 마는) '용기'에 주목한다. 어떤 작품을 거스르기 위해서는 권위만큼이나 용기도 필요하다. 그런데 곰곰 생각해보면 이는 비단 독서나 쓰기에서만 일어나는 일이 아니라, 새로운 무언가를 탄생시키는 모든 종류의 에너지가 넘치는 공간에서 일상적으로 일어나는 일이기도 하다. 이러한 딴짓하고 거스르며 밖으로 튀어나가는 에

---

* 스튜어트 켈리, 《잃어버린 책을 찾아서》, 정규환 옮김, 민음사, 2011, 136쪽.

너지가 없다면 현재에만 고일 뿐 아니라, 미래에 남기기 위한 보존도 상대적으로 불가능하다고 볼 수 있는 것이다.

내게 메모가 중요한 이유는 그것이 책의 여백에 대한 감각, 다시 말해 책을 읽다가 고개를 잠시 들고 머리를 흔드는 '순간'의 물화이기 때문이다. 나아가 내게 메모는 책의 여백의 연장을 넘어 책으로부터 여백을 아예 떼어내 뻔뻔하게 훔치는 순간이다. 텍스트는 무언가를 촉발함으로써 소용을 다했다. 나는 그것을 인용하거나 인용하지 않을 것이다. (나의 글에서 그것이 살아남는 힘은 어디까지나 작품 자체의 에너지에 기인한다.)

니클라스 루만은 메모를 항상 책의 여백이 아닌 별도의 메모지에 했다. 그는 다시 책을 살펴보지 않고, 그 책에서 촉발된 어느 순간의 생각들을 온전히 자신의 제텔카스텐에 편입시켰다. 그 안에는 A의 뭉치만 들어 있는 것이 아니라 A'의 뭉치가 함께 이어졌다. 이때 메모의 옮겨짐은 텍스트의 옮겨감을 상징적으로 드러낸다.

이러한 메모의 상당수는 '출간 혹은 공표'로 이어지지 않지만, 내게 이런 메모들을 쓰는 순간, 아무런 목적도 의식하지 않고 오직 한 텍스트에 갇혀 딴짓을 하고 구체적으로 '촉발'된 것들에 얽힌 순간—쓰지 않을 수 없어 몸부림을 치는 순간, 읽기 중의 안 읽기의 순간—은 읽기의 모든 것이라고 해도 과언이 아니다. 이런 순간이 없다면 나는 읽고 쓸 재미를 완전히 잃어버리고 말 것이다.

그리고 나는 그처럼 구체적인 재미와 감정이 날뛰는 글을 읽는 게 좋다. 이는 언제나 독창적인 글―의지하고 얽히지 않은 것처럼 보이는, 저자 안에서 갑자기 태어난 것처럼 보이는 위압적인 글―을 읽고 싶은 마음보다 선행한다. 책을 유심히 살펴보라. 생각보다 많은 책들은 아닌 척하는 독후감 덩어리다. 어떤 서평, 독후감, 평론, 주석, 메모 등은 그 원문이 되는 텍스트를 자주 넘어선다. 나는 힘없이 단정하게 중얼거리는 책을 읽느니 차라리 한 편의 짧은 메모를 읽고 싶다. 하지만 간혹 지루한 광경을 한참 동안 바라보고 있는 시간이 필요하기도 하듯, 지루한 책을 붙들고 멍하니 앉아 있는 시간도 필요하다.

그러나 그때에도 나는 어느샌가 그 지루한 광경 속 무언가가 촉발하고 마는 단상들에 관심을 기울이게 될 것이다. 손에는 연필을 들고서.

6.

메모의 운명과 잠재력

**그럼에도 잡동사니는 결국 '작품'이 되어야 할까?
하지만 오늘날의 작품이란 과연 무엇인가?**

미국 소설가 조이스 캐럴 오츠는 2023년 7월 〈조이스 캐럴 오츠가 불멸의 비밀을 밝혀내다Joyce Carol Oates Figured Out the Secret to Immortality〉라는 다소 압도적인 제목의 《뉴욕타임스》 인터뷰에서 자신의 인생을 돌아보며 작품과 작품 아닌 것들에 대해 회상한다.

인터뷰 당시 85세였던 그는 수십 년 동안 왕성한 작가 생활을 하며 무려 장편소설 62권고 47권의 단편집, 논픽션 16권, 시 9권, 그리고 청소년과 어린이들을 위한 희곡 9권을 펴냈다. 하지만 그가 만들어낸 텍스트는 여기서 끝이 아니다. 그는 왕성한 트위터(현 엑스) 이용자로서 수많은 문제적 트윗을 남겼고, 학생들을 상대로 수많은 강연을 했고,

가족이나 지인, 동료들과 한때의 순간을 즐기며 대화를 나누기도 했다. 하지만 그런 것들은 현시점에선 자취마저 희미해져버리고 말았다.

그의 삶에서 남은 것은 오직 작품이었다. 오츠는 자신의 삶을 되돌아보며 말한다.

> Q. 당신의 책 《복싱에 대하여On Boxing》에는 복서들에게 인생이란 곧 싸움이고, 그 외의 시간은 단지 기다림일 뿐이라는 문장이 있습니다. 당신에게 글쓰기 역시 그런가요?
> A. 좋은 질문이에요. 그건 삶에서 무엇이 본질적이고 무엇이 부수적인가 하는 철학적인 문제를 건드리죠. 제 결혼 초기를 떠올려보면, 제가 사랑했던 남편과의 시간들…… 1960년대 초중반에 저는 디트로이트대학교에서 가르쳤고, 1968년부터 1978년까지는 캐나다 온타리오에 있는 윈저대학교에서 강의했어요. 그 후로는 쭉 프린스턴에서 가르쳐왔고요.
> 이젠 2023년이고, 솔직히 말하면 그 당시의 제자들은 거의 기억나지 않아요. 그 모든 행복한 시간에서 남은 건 당시 썼던 글들뿐이에요. 몇 권의 책, 몇 편의 단편. 그게 정말 심오한 사실이라고 생각해요. 동시에 좀 파괴적인 진

실이기도 하죠. 우리가 견고하다고 믿는 모든 것은 사실 덧없고 순식간에 사라져요. 시간 너머에 남는 무언가—책이나 예술 작품, 사진 같은 것—가 어쩌면 실제 삶보다 더 실재하는 것일 수 있어요.

지금 여기서 당신이 손에 불을 붙인다고 해도 그건 일시적인 것이에요. 고통스럽긴 하겠지만, 플라톤이라면 그것은 시간 너머로 이어지는 '실재'보다는 덜 진짜라고 말하겠죠. 저는 결혼을 했고, 아주 행복한 결혼생활을 했어요. 그런데 그 모든 것은 이제 사라졌어요. 대체 어디로 간 걸까요?*

조이스 캐럴 오츠는 '준영구적인 것은 책이나 예술 작품, 사진 또는 그 무엇일 뿐'이라고 말한다.

나는 그의 말에 대체로 동의한다.

다만 나의 궁금증은 과연 '그 무엇'에 내가 메모라 불러온 것들이 들어갈 수 있는가, 그럴 가능성이 조금이라도 존재하는가, 만약 그렇다면 어떤 종류의 메모가 거기에 들어갈 수 있는가 하는 것이다.

---

* David Marchese, "Joyce Carol Oates Figured Out the Secret to Immortality", *New York Times Magazine*, July 17, 2023.

❖

'하나의 완결된 작품인가'를 중심에 두고 바라본다면 수많은 메모들은 작품이 아니라고 정의할 수밖에 없을지 모른다. 애초에 그것이 작품이었다면 '메모'가 아닌 '작품'이라고 불렸을 것이기 때문이다. 그런데 질문을 조금 바꾸어보자. '완결된 작품'인가가 과연 중요할까?

조이스 캐럴 오츠의 심오한 답변에서 간과된 것은, 완결된 작품('완결'됨으로써 당대인들과 공유할 수 있게 되고, 개인의 삶을 회고할 수 있게 해주는 인상적인 이벤트)이라는 것은 <u>기본적으로 저자 시점에서의 일</u>이라는 사실이다.

당연히 그 수많은 '작품'들 가운데 당대의 독자에게 널리 읽히는, 혹은 시대를 초월해서까지도 계속 읽히는 작품은 극소수에 불과하다. 저자는 작품의 운명이든 독자에 대해서든 예측할 수가 없다. SF의 고전 《플랫랜드》(1884)를 쓴 에드윈 A. 애벗은 정작 SF라는 말이 뭔지도 몰랐던 데다가, 평생 소설 비슷한 것이라곤 이 한 편만을 썼으며 그마저도 익명으로 냈다. 그는 평생에 걸쳐 교육개혁을 주장하며 수십 권의 학술서를 쓴 신학자, 교육자였다. 당대엔 이 '괴상한' 작품이 별로 주목받지도 못했다. 심지어 그의 사후에 쓰인 전기에서 작품 목록에 오르지조차 못했다. 그러나 역사에 인상적인 방식으로 남은 건 그가 익명으로 쓴 이 엉뚱한 소설뿐이다. 어쩌면 그에게 가장 서투른 시도이자 메모에 가까웠을 한 '작품'이다.

때로 어떤 메모는 본인은 작품이라고 생각하지 않았지만 타의에 의해 작품으로 읽히기도 한다. 대표적으로 유명한 작가들의 서간문이나 메모, 상자 속 유고, 일기류가 있을 텐데, 사람들은 흔히 이를 바로 '그 유명한 작가의 것'이기 때문에 읽는다고들 한다. 하지만 정말로 단지 작가의 명성 때문에 읽히는 것일까? 어쩌면 원래부터 누군가의 메모와 일기, 잡동사니를 읽는 그 자체가 재밌는 일이고 유명한 사람의 것이라는 게 거꾸로 메모 읽기의 구실이 되는 건 아닐까? (원래 메모 같은 불량식품, '되다 만' 건 읽지 않아야 하는데 유명한 사람이니까 읽는다는 식으로 합리화하는 게 아니냐는 의심이다.)

생각해보면 하나의 완결된 작품 안에도 '메모적 순간'은 얼마든 존재할 수 있다. 여기서 말하는 메모적 순간이란 왠지 말끔하게 잘 닦여 있지 않지만, 어쨌든 간에 이 대목을 쓰면서 무언가 저자가 아는 것보다 더 큰 것을 쓰려고 휘청인 듯한 순간, '장어'(무라카미 하루키는 작품을 쓰는 일에 대해 '장어를 붙잡는다'라고 표현했는데 여기서의 장어란 한순간의 '번쩍이는 생명력 넘치는 아이디어'를 붙잡는 것을 의미한다)

의 생명력이 포착되는 순간, 집념, 어떤 이유로든 작가가 펜을 붙잡은 채 흥분했음이 보이는 순간이다. 나는 어떤 작품 안에서도 불쑥불쑥 튀어나오는 이러한 메모적 순간을 사랑하고, 거꾸로 그런 것 때문에 어떤 작품을 사랑하게 되는 일이 많다. 어떤 작품 자체보다 그 안에 담긴 메모적 지점을 사랑하는 것이다. 아무리 훌륭하고 완결성 있고 매끈한 작품이라고 하더라도 메모적 지점들이 보이지 않는 글에는 그다지 마음이 가지 않는다. 과거 윌리엄 포크너 등이 '가장 아끼는 아이를 죽이라'고 조언했다지만 말이다. 곰곰 생각해보더라도, 나는 도저히 아끼는 아이를 죽일 수 없는 사람의 편이다. 차라리 배경을 다 뒤엎어버리고 거기서 '아이'만 남겨놓을지라도 말이다. 그런데 어쩌면 이건 내가 소설가가 아니라서 할 수 있는 말인지도 모르겠다.

'구슬이 서 말이어도 꿰어야 보배'라는 말을 자주 생각한다. 아무리 빛나는 단상이나 글감이 많아도, 나날의 메모와 해찰, 불완전한 파편들이 수두룩하게 쌓여 있다고 할지라도 어떤 종류의 형태(대체로 책과 같은 '작품')로 묶이지 않는다면 아무런 쓸모가 없다는 것이다.

나는 이런 의견에 대체로 현실적인 이유로 동의하지만, 한편으론 반발한다. '꿰다'라는 동사는 어떤 종류의 일관적이고 가지런하게 완성된 형태를 전제한다. 으레 '완성된 글'이란 대강 어떠어떠한 형태의 일관적인 구슬들을 나란히 거느리고 있을 것(꿰어진 무언가)이라는. 하지만 구슬 자체가 너무 빛이 나기 때문에 그것들을 떼어 간직하고 싶을 수 있지 않은가? 어떤 종류의 구슬은 크기와 계열을 나란히 놓기 어려울 정도로 이상하고 기이하게 생겼을 수도 있고 심지어 도저히 구슬 같은 모양으로 생기지 않았을 수도 있고 말이다.

'완성(결)된 글'이라는 개념 자체에 문제를 제기하고 싶은 생각은 없다. 글이 생명력을 얻기 위해서는 어머니의 양수에서 나와 비로소 공중 앞에 내던져져야 한다. 그것이 저자의 손아귀에서 벗어나 스스로 살아 숨 수도록, 자신의 삶을 갖도록 해방시켜야 한다. 그럼에도 완성된 글이 어떤 모양이어야 한다는 당위 자체에 대해서는 조금 다른 방향으로 생각해보고 싶다. 그것은 가지런히 꿰어진 무엇이라기보다는 때로 훨씬 더 '구슬 그 자체'나 꿰어지다 만 구슬 비슷한 것의 모양을 가진 채일 수 있다. 그리고 살펴보면 단지 담은 모양만 책일 뿐 이런 구슬의 묶음 그대로 (최소한의 편집만 거친 채) 출간된 것들도 많다. 나는 대체로 어떤 종류의 단상집, 미출간 에세이, 어느 정도는 사후 저자의 아우라에 기댄 미완성 유고집, 메모 상자 속 미완성 메모 더미, 일기, 단상, 서간문, 자비출판 서적, 블로그 글 모음, 아카이브 출판 등의 전통을 말하고 있는 것인데, 칼럼집 역시 때론 이러한 책의 일종일 수 있다. 적어도 조각을 쓰는 동안에는 '책 같은 것'을 쓸 생각을 전혀 하지 않는, 가장 순간적이고 어딘가에 맞닥뜨려서 그 반작용으로 이뤄지는 임기응변적이고 자동기술적인 글쓰기.

글은 어느 시점에는 완성되어야 한다. 하지만 어느 장르에도 들어맞지 않고 가지런한 형태로 완성되지 못한 조각(메모)은 나름의 기이한 빛으로 빛난다. 그것이 미처 편집되지 못했기 때문이다. 그리고 이런 편집되지 못한 지점은, 그것이 편집되어야 하는 바로 그 이유로 어떤 독자에게는 가장 애매하고도 내밀한 즐거움을 선사한다. 대체로 어떤 글이 편집되는 이유는 너무 이상하거나 도발적이거나 모호하거나 난해하고 전체적인 흐름에 적당히 길들여지지 않아 어우러지지 않는 것 같기 때문이다. (각주가 생기고 나서는 그것을 마치 연극 속 독백처럼 하나의 형식으로 적극 활용하는 저자들도 존재했다. 본문에는 미처 들어가지 못한 서덜/사담을 마음껏 풀어놓는 장으로 활용한 것이다.)

이를테면 편집자 시미다 준이치로가 말하는 이런 대목

이다.

> …… 결국 나는 그 알 수 없는 문장에 끌리고 만다. 생각건대 저자가 자신의 기량을 넘어 더 큰 것을 쓰려고 할 때 표현이 뒤엉킨다. 한 번 읽어서 이해되지 않는 문장이야말로 박력이 있다. 뒤엉킨 부분을 풀어주고 브다 단순하게 표현하면 누구나 이해하기 쉬운 친절한 책이 될지도 모른다. 하지만 그렇게 해버리면 그 책의 가장 좋은 부분이 손상되는 것 같다.*

그런데 이런 '들쭉날쭉한 지점' '설명하기 어려운 뭔가'를 글에서 다 들어내버리면 과연 그 글은 매력이 있을까? 우리가 읽고 쓰는 이유가 알지 못하는 지점으로 도약하고, 몰랐던 것에 대해 모르는 채로 다루기 위해서라면 말이다. 차라리 이런 알 수 없는 문장들, 에너지만은 장쾌하지만 뭔가 결과적으로 엉뚱해서 잘 알아듣기 어려운 문장들만을 남기는 것이 좋지 않을까.

---

* 가사이 루미코 외, 《책이라는 선물》, 김단비 옮김, 유유, 2021, 35~36쪽.

❖

　한편 이런 종류의 기이한 구슬은 무엇보다도 저자가 글을 쓰는 즐거움의 동력이 될 수 있다.

　'가장 작은 문학'의 작가 로베르트 발저는 작가 생활 초기 일필휘지라고 할 만한 완벽한 원고 작성으로 유명했다고 한다. 펜으로 쓰는 대로 그것이 곧 최종본이 되었고, 그의 초기작들의 수고手稿는 대체로 수정하거나 고쳐 쓴 흔적이 없을 정도로 말끔하다. 하지만 1917년경을 기점으로 집필에 난항을 겪게 되면서 "글 쓰는 펜에 대한 싫증"에서 벗어나고자 작품에 '연필 영역'이라는 것을 도입하게 된다. 구체적으로는 연필로 초안을 잡은 뒤 펜으로 '베껴 쓰며' 정서를 하는 것인데 그는 생전 어느 편지에서 "연필의 도움"으로 "작가적 욕망"이 되살아났다고 썼다.* 이후 말년에 그가 쓴 글들 중 후세에까지 전해진 것은 대체로 '연필 영역'에 머무른 글들이다. 흥미로운 점은 그가 연필 영역에만 남겨둔 글들 역시 연필로, 그리고 깨알 같은 글씨로 원고지가 아닌 이면지에 썼을 뿐 망설임이나 수정의 흔적이 거의 없

---

*　로베르트 발저, 《연필로 쓴 작은 글씨》, 안미현 옮김, 문학동네, 2023, 251~252쪽(역자 후기 중).

기는 마찬가지라는 사실이다.

말년의 그가 연필 영역에만 머무른 이유에 대해서 정확하게 알 수는 없지만, 어쩌면 그는 그저 연필 영역에 만족했을는지 모른다. 출간의 가능성 같은 건 최대한 생각하지 않고서, '작품 같아 보이는 작품' '책 같아 보이는 책'을 쓰는 데 집착하지 않고 오직 자신의 작은 욕망과 작은 순간순간의 관찰에 집착하는 것 말이다. 거의 해독이 불가능해 보일 정도의 깨알같이 빽빽한 글씨로……

《연필로 쓴 작은 글씨》는 그의 그런 마이크로그램들을 모아 엮은 책이다. 애초에 저자 자신이 출간 가능성을 가장 생각하지 않고서 쓴 이상한 글들을 모아 엮었다는 데서 책이라는 물건의 넉넉한 유연성을 짐작하게 한다. 그중 한 글에서 그는 말한다.

> 글을 쓰기 시작하기 전에 나는 항상 제일 먼저 산문 작업복, 말하자면 일종의 작가 재킷을 입지만, 지금은 바쁘고, 게다가 이것은 아주 작은 것, 접시처럼 둥근, 맥주잔 받침을 가진 아주 멍청한 물건일 뿐이다. 아이들이 그것을 가지고 노는 모습을 나는 쳐다보았다. 놀이는 우리 음식점 앞에서 벌어졌고, 개 한 마리가 놀이 속으로 끼어들었다. 오, 개는 꼬리를 자랑스럽게 꼿꼿이 세우고, 스스로를 동

등한 자격을 갖춘 존재로 여기는 듯했다.*

 이렇게 시작한 글은 임기응변적으로 꼬리에 꼬리를 잇는다. 강아지와 아이들은 맥주잔 접시로 놀고 그 풍경에서 이윽고 그가 4년에 걸쳐 단지 바라보아온 어느 귀부인과 그의 발에 대한 이야기로, 그리고 그 귀부인이 그에게 기계적으로 먹이를 주듯 빵을 건네주는 것에 대한 이야기로 이어진다. 그리고 그는 이 글의 마지막쯤에 가서 자신에게 빵을 건네는 여인의 '아름다운 기계적인 몸짓'처럼 자신이 이 글을 철저히 "기계적으로" 썼다고 말하며 그럼에도 "이것이 당신 마음에 들기를 바란다. 나는 이것이 당신 마음에 들어서 당신이 그 앞에서 전율하기를 바란다"**고 말한다. 이 대목에서 독자는 당황하게 되는데 왜냐면 그 글에 나란히 실린 실제 자필 원고 사진은 도저히 누군가 읽을 만한 크기로 쓰인 글, 심지어 읽기 쉽도록 펜으로 쓰인 글조차 아니기 때문이다. 출간을 염두에 두고 쓰지 않았지만, 그렇다고 영영 누군가 단 한 명에게도 읽히지 않으리라 작심하고 쓴 것도 아니다. 이 '관객 없음'과 '관객 있음' 사이의 모

---

*   같은 책, 38쪽.
** 같은 책, 44쪽.

호한 지대(연필 영역)에서 쓰인 글에서 그가 말하는 것은 오직 "기쁨"이다.

> 어떤 의미에서 이것은 당신에게 끔찍한 산문일 것이다. 이것을 쓰기 위해 나는 그 전에 충분한 치장도 하지도 않았다. 이런 이유에서 이것은 벌써 대작大作이거나 자그마한 대작일 수 있다고 충분히 관대하게 말해도 될 것이다. 관대함이 지배하게 내버려두고, 당신은 한 조각 빵에 대한 추가 설명에 대해 기뻐하지 않는가? 나는 아주아주 기뻐한다. 나는 그것에 대해 최고의 기쁨을 전제하는데, 빵이 가장 중요하기 때문으로, 당신은 그것을 최고로 여겨야 한다. …… 그러고 나면 저 작은 접시. 이 현실. 이 실제 사건의 배경Fond. 자동차는 붕붕거리고, 그와 그녀는 배경 속에 앉아 있었다. …… 당신은 'Fond'를 'Fund(발견물)'와 같다고 여기지 않는가? 그렇게 하시라.[***]

누군가가 주목하지 않는 이상 아무런 의미도 없을 수 있는 평범한 '배경'은 '발견물'이 되고 그 핵심엔 바라보는 자, 그것을 연필 영역에 옮겨다 놓은 자의 '기쁨'이 존재한다.

[***] 같은 책, 44~45쪽.

❖

　발견은 실로 기쁨과 밀접한 관련이 있다. 우리는 지금 막 본 것에 대해 가장 강렬한 감정을 느낀다.

　'번역가들의 번역가'로 불리는 그레고리 라바사는 자신의 작업 원칙으로 '읽는 동시에 번역'하는 것을 꼽는다. 그에게는 오직 처음 접한 텍스트와의 생생한 만남이 번역본에 생기를 불어넣는 핵심이다. 그렇게 하면 "책을 처음 읽을 때의 신선한 느낌을 번역본에 부여할 수 있"기 때문이다. 그것은 "머릿속에서 회임[懷妊]되어 태어난" 것으로, "죽어 있는 부분들을 조립한 것이거나, 철저한 분석에 의해 해체된 후 다시 조립된 어떤 것이 결코 아니다".* 레오나르도 다빈치는 자신의 메모에서 처음 맞닥뜨린 순간의 중요성에 대해 이렇게 말한 바 있다.

> 어떤 지식을 얻게 되든 지성은 항상 그것을 이용하게 되는데, 지성은 쓸모없는 것을 버리고 좋은 것을 얻기 때문이다.

---

* 　그레고리 라바사, 《번역을 위한 변명》, 이종인 옮김, 세종서적, 2017, 49쪽.

따라서 처음 알게 된 것 외에는 어떤 것도 좋아하거나 싫어할 수 없다.** (강조는 저자)

책을 읽을 때건 어떤 지식, 상념, 현상에 접했을 때건—특히 그것이 우리에게 무언가 새로운, 낯선 긴장감을 불러일으킨다면—그 '순간'이 가장 중요하다. 그것은 가장 뜨거울 때 직접 다루어져야 한다. 그러지 않으면 나중에 무언가를 해보려 해도 이미 굳어버린 쇳물로 그릇을 만들려는 것과 같은 일이 된다.

그렇기 때문에 불현듯 떠오른 감정과 단상을 조금이라도 더 음미하기 위해서는 '지금 당장' 그것을 붙들어 매어둘 필요가 있다. 이는 대체로 내가 메모라고 불러온 것과 관련된다.

물론 그 '처음'은 출간의 가능성이라든지 완성물로의 노정하에 항상 가지런히 놓이지는 않는다. 그럼에도 순전한 기쁨과 연결되어 있기에 간과해서는 안 될 일이다. 그것은 설령 완성물에 삽입되지 않더라도 무언가를 쓰는 과정 전체를 지배하고 뒷받침하는 동력이 된다.

** 레오나르도 다빈치, 《레오나르도 다 빈치 노트북》, 장 폴 리히터 편집(1883), 김민영 외 옮김, 루비박스, 2014, 658쪽.

내가 그간 읽기와 쓰기의 비중이 거의 절반씩에 가까운(사실상 이 둘을 나눌 수 없는) 열어둔 페이지 사이의 뉴스레터를 쓸 수 있었던 가장 큰 동력도 그러한 '연필 영역'을 쓰는 순전한 기쁨이었다.

 항상 메모는 최종 결과물(뉴스레터)보다 크고 어리둥절하고 수상하고 중언부언했다. 메모에는 최종 결과물로 향하는 과정에서 여러 가지 이유로(전체적인 흐름에 맞지 않는다거나 지나치게 개인적인 기쁨이라거나 등등) 삭제한 수많은 해찰의 조각들이 들어 있었다. 나는 무언가를 읽으면서 연필 영역을 쓰는 자체에서 기쁨을 느꼈다. 책은 1시간 만에 읽었는데 메모를 하는 데는 꼬박 이틀이 걸린 적도 심심찮다. 나에게 뉴스레터를 쓰는 일은 연필 영역과 펜 영역 사이의 조율이었다. 물론 펜으로 정서하고 정리하고 갈무리하는 과정이 있었기에 많은 사람과 공유할 수 있었겠지만, 연필 영역이 없었다면 나는 쓰는 기쁨을 느끼지 못했을 것이다. 그것은 내게 순전한 기쁨이자 뉴스레터를 쓰는 것과는 다른 차원의 무용한, 관찰과 주목, 산책 '그 자체'로서의 기쁨이다. 이는 섬광이며, 동시에 붙잡아야 할 섬광이기도 하다. 하지만 그 특성상 우리는 항상 그것을 놓쳐버리거나 아주 미약한 연기만을 붙잡을 수 있을 뿐이다.

 이런 메모는 통상 커다란 메모 뭉치(그런 것을 가진 사람이라면) 안에 들어가게 되지만, 대체로 일기어 포함되는 경우가 많다. 많은 사람들은 제각각의 이유로 일기 쓰기의 중요성을 강조해왔는데, 내 생각에 일기가 중요한 이유는 어떤 방식으로든 편집하지 않은 텍스트(미처 편집될 마음의 거리-여유를 갖지 못한)를 구슬 그대로의 상태로 쏟아놓는 잡동사니 상자이기 때문이다.

그 안에는 가치 없는 것들, 중언부언, 동어반복, 중요하지 않은 곁다리들이 잔뜩 존재하지만, 아직 논리라든지 '그럴듯함의 옷'을 입지 못한 상태의 희미한 통찰과 즐거움이 존재한다. 그것들은 글자라는 옷을 입는 순간 제 나름의 모양으로 림보에서 살아 숨 쉬기 시작한다. 솔직하게 쓰였다는 전제하에(이는 진정성과는 조금 차이가 있을 수 있다) 이곳에는 라디오 사연에 당첨된 절묘한 기승전결의 글('판춘문예'의 전신)이나 SNS에 올려 수천 건의 좋아요를 받는 빤빤하고 지루하고 건조한 글들에 비해 훨씬 모나고 수상하고 문제의 말끔한 해결은 아닐지언정 그 입구를 모호하게나마 가리키는 조각들이 존재한다. 가장 형언하기 어렵고 무언가로 묶어 가지런히 분류하기도 어려운 무언가가.

하지만 이런 종류의 메모들은 정확히 그것이 내게 의미 있는 그 이유로 타인에게 의미가 없어지는데, 누군가에게 쉽게 이해되지 못하고 가닿지 못할 만큼 복잡하기 때문이다. 따라서 이런 메모는 필연적으로 어느 정도 자기 폐쇄적인 성격을 갖는다.

과거 나는 회사 공용 공간의 책꽂이 구석에서 에메랄드색의 조야한 표지를 가진 《이숙자(가명)의 삶과 기억》이라는 장장 여섯 권짜리 자비출판 서적을 우연히 발견했다. ISBN이 없으니 출판사에서 증정한 책도 아니고, 아마도 누군가가 꽂아두고 간 책 같았다. 그 '책'을 열어보니 저자가 누군가와 나눈 카톡 대화와 헌혈 증서, 동네 노래 동호회에서 배운 노래 악보, 인상적으로 읽은 단톡방의 어느 메시지, 누군가에게 보낸 답례 문자, 건강에 대한 PPT 10여 장 ('콜레스테롤 → 심장병 위험!!' 그리고 옆에는 해골 그림) 등이 아무런 분류도 주석도 없이 연속되었다.

문자 그대로 오직 세상에서 자신에게만 의미가 있는 것들로 채운 누군가의 혼란스러운 분더카머Wunderkammer(경이의 방)를 엿보는 듯한...... 그 책 속 이미지와 텍스트들은 저자 본인에게는 어떤 종류의 주해도 필요 없는, 그 자체만으로도 강렬한 상념과 주해를 불러일으키는 기묘한 형태의 구슬들일 수 있다. 세상을 살아가는 사람이라면 누구나 이런 종류의 각별한 기억의 잡동사니를 품고 있다. 만약 그가 일기를 쓰는 데 조금 더 흥미가 있었다면 이 잡동사니들은 일기 묶음이라거나 혹은 대필 작가를 기용한 자서전

비슷한 모양새를 취하고 있었을 것이다. 하지만 어느 쪽이든 이런 책은 호기심 강한 어느 역사가가 아카이브에 대한 열정으로 사료처럼 들여다보지 않는 이상 어느 책장 구석에 도둑처럼 꽂혀 있을 수밖에 없다.

　메모의 중요성을 호소하려는 나는 이쯤에서 한 가지 사실을 인정해야 하는데, 만약 유명한 작가들의 메모나 일기, 서간문집이 '그들의' 것이 아니었다면 높은 확률로 영영 역사의 어둠 속에 묻혔으리라는 사실이다. 어떤 메모는 대체로 그 주인이 어떤 위대한 작품의 저자이기 때문에 신실한 독자들의 호기심을 끈다. 이러한 메모는 그 자체로서 독자에게 도달하기보다는 그것이 작가의 일상, 정신세계 등 작품을 더 잘 이해할 수 있는 실마리가 되어주기 때문에 출간되고 읽힌다.

　예를 들어 프란츠 카프카의 일기가 그 매력적인 단상과 글쓰기 방식, 그 자체의 단단하고 대체 붙가능한 아름다움에도 불구하고 만약 카프카의 것이 아니었다면 오늘날 한국의 독자들에게까지 읽혔을까? 알베르 카뮈가 이십 대에 쓴 《작가수첩》(《이방인》 등 주요 작품에 대한 스케치를 포함하고 있는)은 만약 카뮈의 것이 아니었다면 읽혔을까? 꼭 글의 차원이 아니더라도 생전 카세트테이프로 모든 사람과의 대화를 녹음할 만큼 심각한 저장 강박을 지녔던 앤디 워홀은 죽고 나서 무려 167개 분량의 가득 찬 잡동사니 상자를 남겼다. 이 잡동사니들에는 미라화된 발, 롤링 스톤스의 홍보 물품, 넥타이, 무료 소식지, 장난감 등이 포함되었고 이는 사려 깊은 아키비스트에 의해 현재도 아카이빙 작업이 진행되고 있다. 만약 그것이 앤디 워홀의 것이 아니었다면 이런 작업이 가능했을까?

그럼에도 작가들의 어떤 일기, 메모는 그 자체로 생명력을 갖는 것처럼 보이기도 한다. 오직 메모-일기를 통해서밖에 이야기할 수 없는 무언가를 그 형식을 통해 이야기하고 있을 때 말이다. 그렇다면 이렇게 생각해볼 수도 있지 않을까? 어떤 경우 '작품'의 탄생은 성실하게 메모를 쓰는 능력에 기반한다고 말이다.

말년의 롤랑 바르트는 〈심의〉라는 제목의 에세이에서 작품으로서의 '일기'라는 장르가 과연 '작품'이 될 수 있는지에 대한 의혹을 제기하면서도, 그것이 그가 말해온 소설적인 것romanesque을 모으는 하나의 분류되지 않은 '자유의 공간'이 될 수 있는 가능성을 면밀히 타진한다.

일기를 '작품'으로 만들 수 있을까? ……
…… 내 [일기에 대한] 초라한 인상에도 불구하고, 그러므로 일기를 쓰고 싶은 욕망은 가능하다. 즉 일기라는 틀

안에서 처음에는 문학에 부적절한 것처럼 보였던 것으로부터 문학의 장점들을 모으는 형태, 즉 개별화·흔적·매혹·언어의 물신화로 넘어갈 수 있다는 것을 인정할 수 있다.* (첨언은 저자)

그는 〈심의〉를 발표하고 난 직후, 1979년 8월 24일부터 9월 17일 사이 그의 사후 《소소한 사건들》이라는 제목으로 과거 모로코 여행 메모와 함께 엮여 나올 '일기'의 집필에 들어간다. 또한 그가 사랑했던 어머니가 사망하고 난 뒤 어머니의 죽음을 애도하는 《애도 일기》가 책으로 엮여 나왔다. 〈심의〉의 내용으로 미루어 보아 이 시기의 단문, 일기들은 엄연히 출판 가능성을 염두에 두었음을 알 수 있다. 그의 '일기이자 작품'은 수많은 독자에게 가닿았고 텍스트로서의 생명을 얻었다. 그렇다 할지라도 그가 일기라는 장르에 대해 한때 보였던 불신의 태도(즉, 바르트의 일기이기 때문에 읽히는지 작품 자체의 완결성 때문에 읽히는지)가 완전히 해소된 것일지는 알 수 없으나, 그의 두 작품에는 일기라는 형식이 아니라면 담기기 어려운 '대체 불가의 무언가'가 분명히 존재한다. 이를테면 이런 대목이 메모, 일기가

---

*   롤랑 바르트, 《텍스트의 즐거움》, 183~185쪽.

아니라면 과연 어떤 외투를 입을 수 있을까?

메디나. 저녁 여섯 시, 물건 파는 어린애들이 드문드문 서 있는 거리에서, 서글퍼 보이는 한 남자가 길가에서 딱 한 자루 남은 식칼을 사라고 권한다.*

주간지 〈샤를리 엡도〉를 파는 사내가 지나간다. 이 주간지의 멍청한 취향에 걸맞게, 표지에는 상추같이 푸르딩딩한 사람 머리가 여럿 담긴 바구니를 그려놓았다. "캄보디아인의 머리, 두당 7프랑"이라는 문구와 함께. 아니 정확히 말하자면, 웬 캄보디아 청년이 분주하게 카페에 들어오다가 표지 그림을 보고 눈에 띄게 깜짝 놀라며 걱정스러운 모습으로 그 주간지를 산다. 캄보디아인의 머리라니!**

메모-일기 장르는 총체성의 이름하에 하나로 예견/예정되고 묶이지 않는다. 메모-일기 장르는 효용적이다. 메모-일기 장르는 함축적이고 시적이고 대강 때우는 것을 허락하지 않는다. 언어가 될 수 없는 지점과 될 수 있는 지점,

---

*   롤랑 바르트, 《소소한 사건들》, 임희근 옮김, 포토넷, 2014, 110쪽.
** 같은 책, 165~166쪽.

나의 언어와 타인의 언어 사이의 가장 아슬아슬한 지점에 걸쳐 있다. 날것과 무작위성―작위성과 작품 사이, 잡동사니와 작품 사이, 포즈와 포즈 아님―의 사이에.

물론 일기-메모는 그것을 쓰는 것 자체가 서간문과 마찬가지로 필자에게 즐거움과 고양감을 주는 종류의 글쓰기라는 점에서 그것을 '작품으로 잘' 갈무리해 가지런히 쓰려는, 즉 구슬을 엮으려는 목적의식, 지향성이 다른 장르의 글쓰기에 비해서는 덜할 것이다. 어쩌면 코를 풀고 난 휴지처럼 그것을 다시 꺼내어 펼쳐볼 의도 따위 없을 수도 있다.

하지만 스스로 다시 펼쳐보지 않는다는 것이 곧 영영 한 명의 독자조차 갖지 않을 거라는 굳은 믿음으로 이어지는 것은 아니다. 자신의 가장 솔직한 치부까지 드러내며 '일기'를 하나의 엄연한 작품으로 만들어냈다는 평을 듣는 존 치버는 말년에 넌지시 아들에게 일기에 대해 언급하며 이것의 출간 가능성을 타진했다고 한다. 수전 손택이 십 대 시절부터 꾸준히 써온 100여 권의 일기를 편집해 출간한 그의 아들 데이비드 리프는 일기 출간과 관련해 생전 어머니의 의사를 확인하진 않았지만 편집인 서문에서 이렇게 말한 바 있다.

어머니는 일기가 공개되기를 바랐을까? … …

내가 아는 것이라고는 독자이자 작가로서 어머니가 일기와 편지 들을 사랑했다는 사실, 내밀한 내용을 담고 있을수록 더 사랑했다는 사실이다. 그러니 아마도 수전 손택이라는 작가는 내가 한 일에 찬성했을 것이다. 어쨌거나, 그러기를 바란다.*

사실 그렇다. 저자가 공개에 동의를 하느냐, 안 하느냐는 중요한 문제가 아니다. 작품으로서의 '힘'을 지닌 일기―"더 이상 어떤 일기와도 닮지 않"**은 일기―는 저자의 사후에도 스스로 기어이 독자를 얻고 만다.

일기가 나르시시즘적이라는 사실 자체가 극복해야 할 지점은 아니다. 많은 글은 자기 폐쇄적이기 때문에 작품으로서 실패하는 것이 아니라, 차라리 제대로 나르시시즘적이지 못했기 때문에―순간적인 자신의 감정과 생각을 제대로 파고들지 못했기 때문에―실패했다고 볼 수 있을 것이다. 오늘날에 '독자를 상정하는 글쓰기'가 적다고 말하는 것은 단순히 독자에게 쉽고 친절하게 다가가 읽히는 것만을 이야기하진 않는다. 먼 훗날 상자에서 꺼내어진 일기마

---

* 수전 손택, 《다시 태어나다》, 12쪽.
** 롤랑 바르트, 《텍스트의 즐거움》, 209쪽.

저도, 이면지에 깨알 같은 연필 글씨로 쓰인 글자마저도 기어이 읽어내고 마는 종류의 독자는 존재한다. 그 '미지의, 하지만 현존하는 독자'에게 우리는 과연 무엇을 부끄러움 없이 말할 수 있을 것인가?

 사실 수많은 작가들은 책의 테두리에서 벗어난 텍스트들을 꾸준히 작업해왔다. 주해, 주석, 다른 사람의 텍스트를 고쳐 쓰는 일, 어떤 글에 대한 평, 읽고 남긴 독후감, 칼럼, 팸플릿, 하루하루의 단상 및 일기들, 관찰기, 기행문, 산문…… 물론 이 중 상당수는 저자의 명성이나 그 텍스트가 당시에 가진 울림, 날것의 목소리가 가진 힘 덕에 저자의 사후에라도 편집자/독자에 의해 발견되어 책으로 묶이기도 했고, 이런 책들은 굉장히 많다. 나는 《지금도 책에서만 얻을 수 있는 것》에서 책의 중요한 특성 중 하나로 '필자의 각오가 담긴 서문이 존재한다'는 것을 꼽았는데, 사실 수전 손택 일기의 사례에서도 알 수 있듯 의외로 많은 책들의 서문은 필자가 아닌 '독자'가 썼다. 서문에 담긴 것은 필자의 각오뿐 아니라 지금 이 순간 그 텍스트 더미에 주목하는 독자의 각오일 때도 있는 것이다. 이 지점에서 책의 역사에 내재하는 역동성의 본질이 드러나는데, 책의 역사는 결코 필자들만의 역사가 아니라 아카이브에서 욕망의 불씨를 발견하고 그것을 기어이 끌어내고야 마는 독자들의 역사이기도 하다는 사실이다. 그렇게 출판은 수천 년을 유구하게 이어져올 수 있었다.

책은 항상 책 아닌 것과 책인 것 사이에서 떨며 전진해왔고, 나는 그 '책 아닌 것'이 책으로 편입될 수 있는 핵심적인 힘이란 당대의 시점과 유행에서는 '책같이 보이지 않는' 어떤 종류의 기이하고 서투른 욕망이 아니었을까 생각한다. 오늘날 역시 그런 것들은 어쩌면 책스러운 글들보다는 그 바깥에 존재할 것이다. 그것은 바깥에서 지지하는 힘이자 부수어 새로운 것을 꺼내는 힘이다.

그럼에도 잡동사니는 결국 '작품'이 되어야 할까? 하지만 오늘날의 작품이란 과연 무엇인가? 무용한 읽기와 머무르기의 즐거움에 주목하지 않는 시대의, 불모의 생산성만을 강조하는 시대의 작품이란 어떤 모습인가? 차라리 시간을 죽이는 읽기, 필사, 작품-아님, 메모를 기계적으로 계속 쓰는 시간, 의무감에서가 아닌 순전한 즐거움으로 작동하는 산만한 잡동사니 강박증에 주목해보는 것은 어떠한가?

메모 그 자체가 읽힐 수 있을 것인지에 대해서, 그리고 내가 메모의 출간 가능성을 염두에 두고 쓰는지에 대해서는 현재로써 스스로 확답을 내리기 어렵다. 내게는 메모의 다른 버전이었던 뉴스레터 역시 마찬가지였다. 그런데 사실 출간 같은 건 별로 중요하지 않다.

중요한 건 출간 가능성이 있든지 없든지 간에, 항상 메모라는 '비생산적인(작품 되기와 무관한)' 작업—관찰하기, 산책하기, 행간에 끄적이기, 읽기, 연루되기, 당황하기, 해찰하기—을 그간 진심 어린 즐거움으로 해왔다는 사실이다. 그리고 읽고 쓰기와 관련해 내가 하고 싶은 말도 대체로 이것이 핵심이다.

7.

달아올랐을 때 쳐라

**읽는 순간 쓰기는 시작된다. 이는 결코 에두른
이야기가 아닌 있는 그대로의 진실이다.**

 사람들은 '완벽하게' 기억하기 위해 메모를 한다고 생각하곤 한다. 마치 장을 잔뜩 봐 와서 팬트리에 가지런히 부려놓는 일처럼 말이다. 이때 장 본 물건들은 대체로 유통기한이 무제한이라고 가정된다. 하지만 나는 그간 계통 및 분류, 장르 없는 마구잡이 독서, 읽기와 쓰기 사이에 어중간한 포즈로 끼어 있는 듯 마감을 해온 입장에서 이런 종류의 완전 동결된 채 보관된 메모는 대체로 환상에 불과하다고 생각해왔다.

 만약 캐비닛에 완벽하게 분류/정리된 가지런한 메모 수백 개가 존재하고, 내 손에 지금 책을 읽으면서 급하게 휘갈긴 메모 한 장이 있다면 내게는 후자가 훨씬 더 큰 생명력을 가지고 있다. 실제로 나는 마감을 하면서 정해둔 주제로 준비하다가 우연히 읽게 된 책에 메모를 하던 중 더 좋은 아이디어가 떠올라 써놓은 얼개를 죄다 버려버리고 새로 글을 쓴 적이 많다.

반면 메모를 쓸 당시에는 꽤 흥미진진하게 생각하면서 썼더라도 '다음에 써먹어야겠다……'라고 생각하고 서랍에 넣어둔 메모가 다시 빛을 본 일은 지극히 드물다. 그리고 이런 종류의 망각이나 유실에 대해 진심으로 안타깝거나 씁쓸했던 적은 없다. 언제나 더 흥미로운 다른 이야기들이 있기 때문이고, 만약 어떤 메모를 적어놓은 그 순간에 했던 생각이 충분히 흥미롭다면 나중에 어떤 계기로든 다시 떠오를 것이기 때문이다.

정리하자면 지금 이 순간 나를 붙들고 흔들어놓는 것에 대한 이야기를 쓸 때 가장 재밌고, 독자도 그런 글을 재미나게 읽어주는 것 같다.

이처럼 읽으면서 거의 동시에 쓰는 습관은 아마도 나만의 것은 아닌 듯하다. '지知의 거인'이라는 별칭을 가졌던 일본 저널리스트 다치바나 다카시는 자신의 방대한 서가에 대한 인터뷰에서 자연스럽게 취재에 대한 이야기로 흘러가며 이렇게 말했다.

쓰면서 읽는 것이 90퍼센트 이상이에요. 그것은 어떤 일을 할 때에도 마찬가지예요.*

이를 집필 방식이라고 해야 할까, 아니면 독서 방식이라고 해야 할까? 중요한 건 그가 필요한 책들을 읽고 곧장 그 페이지 위에서 자신의 글을 써냈다는 것이다.

오에 겐자부로는 《읽는 인간》에서 3년에 한 권을 읽을 때마다 소설을 한 편 썼다고 말한다. 그는 젊은 시절부터 사전과 원서, 그리고 번역서 세 권을 늘어놓고 동시에 읽는 습관으로 유명하기도 했는데, 그런 모습을 본 여동생이 "지금 얇은 책을 읽는 거야, 아니면 두꺼운 책(ㅅ-전)을 읽는 거야?"라고 묻기도 했다고 한다. 소설이 잘 써지지 않는다는 후배들에게 그는 진지한 얼굴로 번역을 해보라고 권하곤 했다. 번역은 일반적인 독자라면 만나기 어려운, 심층적인 지점까지 내려가 텍스트를 해체하고 재조립하는 과정이기 때문이다.

읽는 순간 무엇인가 수면 위로 튀어 올랐다면 그것을 밀랍으로 굳혀놓을 생각을 해서는 안 된다. 반드시 '그 순

---

* 다치바나 다카시, 《피가 되고 살이 되는 500권, 피도 살도 안 되는 100권》, 박성관 옮김, 청어람미디어, 2008, 171쪽.

간' 즉시 낚아채어 반짝이는 숨결이 사라지기 전에 자신의 관점에서 옮겨 적어두어야 한다.

핵심은 '읽고 나서 곧장' 책의 말미에 그 책을 읽은 때와 개략적인 판단을 적어둔다는 점이다. 어떤 것에 대한 감상은 그것을 본 직후에 가장 강렬하다. 그때 간단하게나마 책의 맨 뒷면에 메모를 남겨놓는다면 몽테뉴의 말처럼 '꼼꼼히 읽고 주까지 달아놓은' 과거에 읽은 책들을 안 본 책인 양 처음부터 정독하다가 깜짝 놀라는 일을 방지할 수 있다. 또한 그 책이 불러일으킨 상념이 아직 내 머릿속에 남아 있을 때 구체적으로 생각을 전개하다보면 미처 예상하지 못했던 지점까지 사고를 확장해갈 수 있게 된다. 그렇게 된다면, 이미 책의 제목 따위를 '기억'하는 것은 부차적인 문제다.

나는 기억력이 너무 약해서 아무것도 알지 못한다고 하여도, 그렇게 서러워할 것이 못된다. 나는 대개 기술의 이름과 그런 것이 무엇을 취급하는가는 알고 있다. 그러나 그 이상은 모른다. 나는 책을 뒤적거리긴 하지만 공부는 하지 않는다. 거기서 내게 남는 것은 남의 것이라고 인정하지 않는 사물이다. 단지 이것이 내 판단력이 거기서 얻은 조그마한 재주다. 그 사상과 관념 등으로 내 판단이 배어 있다. 그 작가, 글의 소재, 어구와 다른 사정들은 바로 잊어버린다.*

몽테뉴는 잊는 것을 걱정하지만, 또 그렇게까지 걱정하지도 않는다.

❖

아카이브, 서가에서 텍스트들에 둘러싸여 허우적대며 무언가 의미 있는 메모를 만들어내는 이들이라면 한 번쯤 생각해볼 만한 중요한 지점이 있다.

저널리스트, 르포, 여행기 작가들은 관찰한 즉시 메모를 적고, 또 그 관찰의 구체성과 감각이 뜨끈하게 남아 있는 순간에 형틀에 바로 쏟아붓는다. 그 '들이붓는' 몸짓이 성급한 나머지 엉망진창 띄어쓰기, 뒤죽박죽인 비문이나 뻔뻔한 오탈자가 나올 정도면 딱 좋다. 만약 조지 오웰이 《파리와 런던의 밑바닥 생활》을 쓸 때, 한 거지 화가와의 대화를 '날짜-장소-유형: 대화'라는 폴더(서랍)에 가지런히 철해두고 김이 빠지도록 묵혀둔 뒤 몇 년 후에 그것을 써

---

* 미셸 드 몽테뉴, 《수상록》 4판, 손우성 옮김, 동서문화사, 2023, 725쪽.

먹으려고 했다면 과연 그 텐션이 나왔을까? 기자들은 취재 르포를 쓸 때 최대한 빠르게 그날의 녹취와 스케치 메모를 정리해 되도록 성급하게 취재일지를 작성하고 그것을 기반으로 글을 써내려고 한다. 마감 때문도 있지만 무엇보다도 현장에서 느꼈던 그 들썩이는 복잡한 감정과 생생한 관찰들에 대한 편견이 씻겨 내려가 쓰는 일을 고역으로 만들지 않기 위해서다. 현장에서 느낀 선득선득함, 어리둥절함의 일부 자취가 고스란히 기사에 담기면 그 딱딱한 글 안에서도 모종의 생명력과 잡감雜感이 느껴진다. 이런 글은 정보라고 할지라도 '읽는 맛'이 있다.

현실의 관찰에서 펄떡이는 영감을 길어내는 방식의 쓰기가 그러할진대, 텍스트를 읽고 그것에 영감을 얻어 쓰는 일에 대해서도 같은 방식이 적용되지 않으리라는 법이 어디 있는가?

어떤 사람의 몸짓 하나, 구름이 흘러가는 궤적에서도 깜짝 놀랄 수 있듯, 탐욕스러운 독자는 책장 구석 한 구절에서도 생생한 영감을 얻는다. 그리고 이 영감은 마치 물고기와도 같아서 물 밖에 한참 내놓으면 금세 몸이 마르고 펄떡이는 생명력을 잃고 만다.

애니 딜러드는 《창조적 글쓰기》에서 말한다.

매번 즉시 그것을 모두 써버리고, 뿜어내고, 이용하고, 없애버리라. 책의 나중 부분이나 다른 책을 위해 좋아 보이는 것을 남겨두지 말라. …… 아낌없이 공짜로 푹푹 나눠주지 않으면 결국 본인에게드 손해이다. 나중에 금고를 열어보면 재만 남아 있을 것이다.*

손케 아렌스의 《제텔카스텐》을 읽으면서 가장 주목했던 대목은 니클라스 루만이 책에 절대로 메모를 하지 않고 반드시 작은 메모지에 감상을 적는다는 부분이었다. 그는 책 속에 든 그 모든 가능성과 기억하기에 집착하며 생기를 잃어버릴 생각이 '없다'. 읽는 순간 그것은 책의 '맥락'으로부터 탈각해 자신의 것이 된다. 그리고 그 메모들은 고스란히 모여서 한 권의 책, 논문이 된다. (어쩌면 읽는 단계에서부터 그런 것들을 생각했을 것이다.)

텍스트 강박자인 동시에 창작자인 이들에 대해 내가 하는 생각은 와구와구 먹고 성급하게 바로 뱉어내는 생산적인 포식자의 모습이다.

나는 이 모든 것에서 신중하고 재능 있는 작가들보다 한층 더 성급한데, 절묘한 기억력과 창의력이 없는 범재에

---

* 애니 딜러드, 《창조적 글쓰기》, 111쪽.

게 가장 중요한 생존 기술은 반짝이는 것에 맞닥뜨린 '그 순간' 바로 낚아채어 잊기 전에 가장 빠르게 다른 데 써먹는 것이기 때문이다. 그 불꽃은 너무나도 미약해 곧바로 잡아채지 않으면 영영 쓸 수가 없다……(구슬을 서 말씩 채워놓고 '둘' 여유가 없다.) 내게 읽기와 쓰기는 문자 그대로 동전의 양면처럼 딱 붙어 있다.

읽는 순간 쓰기는 시작된다. 이는 결코 에두른 이야기가 아닌 있는 그대로의 진실이다.

8. 자유롭게 붙들린다는 것

**세상은 넓고 보기로 작정한 자에겐 수많은
관찰거리가 있으므로 언제쯤 이 관찰을 그만두어야
할지 알 수 없다.**

　기자 초년생 때 기사 쓰는 게 느려 자주 꾸지람을 들었다. 엄밀하게 말하자면 글을 쓰는 속도 자체가 느리다기보다는 해찰에 지나치게 많은 시간을 쏟는 게 문제였다. 강남의 한 성형외과 취재를 갔는데 멍하니 앉아서 길 반대편에 나란히 자리한 성형외과에서 나오는 사람들을 유심히 관찰하는 편이 재미있었다. 어떤 젊은 여자가 얼굴이 퉁퉁 부어 그림책 속 충치 먹은 원숭이 같은 얼굴을 하고서 둘둘 감은 붕대 위로 얼굴만 한 분홍 리본을 달고 있었다. 어쩌다 눈이 마주치자 그는 불쾌한 기색이라곤 전혀 없이 여왕처럼 우아한 미소로 나의 시선에 응답했다. 나는 그 모습에 오랫동안 사로잡혔다. '음주 자전거 문제' 취재를 한다면서 방화

대교에 가서는 낯모르는 아저씨와 2000원짜리 부침개와 막걸리 두 잔을 놓고서 그의 인생 이야기를 들었다. (그는 막걸리를 몇 잔 먹고 나서 옆에 세워두었던 자전거를 타고 집으로 갔다.) 기획 기사를 쓸 때도 정작 기사를 쓰고 완성하는 일보다는 직접 어딘가에 가서 누군가의 이야기를 계속 듣고, 낯선 자료를 모으고 읽어가는 과정에 더 강한 흥미를 느꼈다. 취재일지는 끝없이 늘어났고, 내게 기사 쓰기란 최종 목적이라기보다 마감이 닥쳐오면 모은 자료 중에 가장 재미있는 부분들을 제외한 나머지를 가까스로 모아서 엉거주춤 마무리하는 일에 가까웠다.

기자뿐 아니라 대부분의 일엔 '마감'이 존재하고 어떤 쓸데없는 것에 눈이 붙들려 있는 것은 마감에 아무런 도움이 되지 않는다. 자료 조사는 대체로 마감이 정해진 상황에서 '작품을 쓰기' 위한 전 단계에 불과할 뿐, 과도하게 많은 공력을 들일 만한 일이 아니다. 그리고 많은 사람들이 글을 쓰기 시작하는 것을 어려워하고, 글을 끝맺는 것은 더욱 어려워한다! 그 이유엔 부끄러움이나 부담감 등 여러 가지가 있겠지만 내 경우는 목적 없는 관찰과 메모를 끝없이 이어가고 싶다는 측면에서 그러한 편이다.

붙들리려고 하는 것에 붙들린 채로 있을 수 있는 삶은 얼마나 흥미로운가? 붙들릴 가치가 있는 것 말고도 붙들릴 가치가 없어 보이는 사소한 어떤 구석에서 기어코 무언가를 발견해내는 경험—이윽고 붙들리고야 마는 경험—은 얼마나 흥미진진한가? 가려던 목적지를 향하다가도 곁길로 새는 경험, 그래서 원래의 목적지와는 영 딴판인 곳에 납치되었지만 오히려 원하던 것 이상의 무언가를 얻게 되는 경험은 얼마나 멋진 일인가?

하지만 납치되는 경험은 누구에게나 찾아올 수 있는 것은 아니다. 우선 납치가 될 수 있는 가능성에 열려 있어야 하며, 내가 마주치려던 것 외의 다른 방문을 얼마든지 환영할 수 있는 마음 상태가 선행되어야 한다. 미국의 매체이론가 닐 포스트먼은 《불평할 의무》에서 '콜럼버시티 Columbusity'라는 개념을 소개한 바 있다. 이는 세렌디피티에 정반대되는 개념으로, 무언가를 찾으려다가 우연히 더 가치 있는 것을 찾았는데 자신이 더 가치 있는 것을 찾았다는 사실을 모르는 경우를 뜻한다. 자신의 목적에 대한 계획과 의지가 워낙 강력해 마치 차안대를 쓴 경주마처럼 곁길로 샐 줄을 모르는 것이다. 심지어 자신의 가설이 틀린 상황에서도 말이다. 콜럼버스가 만약 조금만 더 의심이 많고 사소한 것에 주목하고 붙들리는 열린 성향이었다면, 즉 알을 세우기 위해 알을 깨고 마는 사람이 아니었다면 정복자가 아닌 다른 방식의 삶을 살았을 수도 있었으리라.

정복자적 방식은 예정된 계획에 따라 차질 없이 마감을 수행하는 것, 목적지에 도착하는 것만이 목표라면 가장 효율적이라고 볼 수 있다. 하지만 미처 예상하지 못했던 세계에 맞닥뜨리는 것, 설령 지금까지 가져왔던 믿음과 지식을 버릴지언정 미지의 세계를 조금이나마 들여다보는 것—이를 통해 나의 좁은 인식을 손톱만큼이라도 넓히는 것—이 목적이라면 이야기가 달라진다. 이때 붙들린 자는 원래 세웠던 계획과 목적을 잃고 취약한 존재가 될지라도 새로운 세계를 관찰하고 그것을 깨달음의 계기로 삼는다.

  정복자는 어떤 텍스트나 풍경에서 오직 자신이 찾으려고 했던 것만을 찾는다. 붙들린 자는 막연하게 자신이 가려고 하는 지점을 향하긴 하지만, 중간에 흥미로운 것을 발견하면 어린아이처럼 붙들려 길을 잃는다. 정복자가 길을 나서서 멍하니 시간을 빼앗길거리를 아무것도 마주치지 못한 채 기름칠한 홈통에 뛰어든 몸처럼 그 모든 것을 신속하게 빠져나오는 데 특화되어 있다면, 붙들린 자는 목표가 있더라도 그다지 중요하게 여기지 않으며 나아가 목표를 잃는 데 목적이 있는 이들이다. 정복자들은 자신의 주변뿐 아니라 멀고 이국적인 장면에서도 그저 달력 사진 속 장면을 떠올릴 뿐이다. 그들은 어떤 것에도 매혹되지 않기에 수많은 아름다운 곳들을 섭렵하고 수집하고 늘어놓을 수 있다.

한편 붙들린 자는 '무언가 재미난 것'을 막연히 기대하면서 문밖으로 나서기에 예정했던 멋진 곳에 강도하지 못하더라도 어떤 실마리가 등장하면 기뻐하며 그것을 좇아간다. 그는 자신의 마음을 끄는 것이라면 에펠탑보다도 돌멩이 위를 종종 기어가는 작은 개미나 야채 가게 앞에 놓인 간판 등에 더 관심을 기울이기도 한다. 그는 많은 것을 기억하고 섭렵하기보다는 마음을 붙들린 것에 영혼을 온전히 소모하기를 원한다. 그러한 주목의 과정에서 어떠한 풍경은 자연스럽게 간과하고, 어떤 풍경에는 부자연스럽게 얽매인다. 거기서 온전히 빠져나오는 데는 한 시간, 하루……혹은 평생이 걸릴지도 모른다.

중요한 것은 붙들리기 전부터 빠져나올 생각만 하는 사람에게는 이러한 미혹의 실마리가 보이지 않는다는 것이다. 벽에 숨겨진 문이 있는지 알기 위해서는 천천히 손을 짚으며 걸어갈 수밖에 없다. 그러다 예정에 없던 문을 발견해 거기서 이어질 새로운 길의 가능성을 기대하며 눈과 마음을 연다. '미안합니다. 오늘은 어디에도 도착할 수 없겠습니다……' 세상은 넓고 보기로 작정한 자에겐 수많은 관찰거리가 있으므로 언제쯤 이 관찰을 그만두어야 할지 알 수 없다.

목적을 정해두지 않은 상태에서도 걸어 다닐 수 있다.

에드워드 호퍼는 항상 뉴욕의 길거리를 돌아다니며 외로운 사람들의 집을 들여다보았다. 그리고 계속 스케치를 했다. '붙들리는 것'을 찾기 위해 부단히 돌아다녔다. 그는 "어떤 장면이나 공간이 자신을 붙들 때까지 시내를 돌아다녔고, 그런 다음에는 그것을 기억 속에 자리 잡게 했다".*

에드워드 호퍼는 얼마나 많은 시간을 그저 정처 없이 돌아다녔을까?

그는 처음부터 특정한 어떤 장면과 건물을 찾아내 그려오겠다는 식으로 뚜렷한 목표를 정하지 않았다. 또한 관찰한 장면을 단순하게 옮긴다는 것은 불가능하다. 어떤 현상, 장면에 붙들리는 것은 그 자체로 한 사람의 특성이며 이를 선별적으로 기억하고 과장해 재구성하는 과정이 곧 쓰기, 창작이다.

계속 강조하고 있는 바이지만, 나는 읽기(보기)와 쓰기(창작하기) '사이에서 일어나는 일'에 관심이 있다. 만약 이 두 가지 행위가 무 자르듯 나뉘는 것이라면 왜 성실하고 집요한 보기가 없는 쓰기는 대체로 진부하고 바람이 샌 풍선이 되고 말고, 쓰기가 없는 보기는 지루하고 의무적인 노동(노동에 가까운 소일거리)이 되기 쉬운 것인가?

---

*   올리비아 랭, 《외로운 도시》, 김병화 옮김, 어크로스, 2020, 62쪽.

오늘날 많은 글들이 읽기 없이 쓰인다. 타인이 쓴 글을 굳이 읽지 않더라도 흰 종이를 금세 빼곡히 채울 수 있다. 챗지피티가 대신 정보를 모아주고 이런 종류의 글을 훨씬 더 수월하게 엮어낼 수 있게 되었다.

이런 글엔 발견의 순간에 대한 메모적 에너지가 존재하지 않는다. 편견이 존재할지라도 그것은 어디까지나 무수히 복제해온 남의 글에 묻어 있는 아주 작은 결화된 거스러미 같은 것으로, 흐름과 에너지가 뒤죽박죽이기 때문에 마치 사람인 양하는 소란한 마네킹을 앞에 둔 것처럼 불편해지는 것이다. 그리고 대체로 이런 글은 단순노동을 단순노동으로밖에 하지 못하는 채로, 어떤 사소한 일의 틈새에서 즐거움을 느끼는 방식을 알지 못한 채 쓰이기에 필자 스스로를 즐겁게 하지 못한다. 정복자라면 이는 중요한 문제가 아닐 수도 있다. 정복자의 눈에는 목표가 가장 우선하기에 글을 끝맺고 성취하는 데서 희열을 느낄 것이기 때문이다. 도중에 어떤 것들을 놓치고 또 밟고 성급하게 지나왔는지를 알지 못할뿐더러 별 상관도 없다. 정복자의 유일한 목적은 목표 달성이며 그 과정에서 다른 땅의 것을 약탈하는 일도 개의치 않는다.

어떤 것에 붙들리기 위해 아주 짧게라도 무언가를 끄적여둘 필요가 있는 것은, 그것이 나의 자유로운 정신에 하나의 신호가 될 수 있기 때문이다. 지금부터 내 앞에 있는 것에 시선을 머물러보자. 앞으로 다가가 조금 더 주목해보자. 이파리는 어떻게 생겼으며 색채와 냄새는 어떠한가? 저 강아지는 어떻게 걷는가?

그 '단상'은 처음엔 단상일 수 있지만 무언가를 촉발하는 수많은 작은 실마리 중 하나다. 조금 더 관찰과 자유로운 상상의 순간을 연장시키고, 목적을 염두에 두지 않은 채 구체적으로 그저 느끼고 싶은 욕망…… 이 단계에서는 그 '결과물'이 무엇이든 신경을 덜 쓰게 된다. 여하튼 간에 나는 오랫동안 거닌 끝에 무언가에 끝내 붙들리게 되었고, 그 붙들림을 유지하기 위해서는 단지 마음 놓고 멱살을 붙들린 채 축 늘어져 있는 대신 내 쪽에서도 그 붙들린 손을 마주 그러쥘 필요가 있었다. 그렇지 않으면 붙들린 손은 금세 풀어지고 만다. 물론 세상 모든 것에 붙들릴 수는 없는 노릇이지만, 내 경우엔 조금이라도 실마리가 보이는 순간 그것을 메모라는 방식으로 내 쪽에서 붙든다.

한 가지 문제는 남는다. 만약 무언가 '결과물(작품)'이라고 할 만한 것—즉 남의 눈앞에 내놓을 것—을 도출하고자 한다면 어느 순간 관찰을 그만두고 '쓰기' 시작해야 할 때가, 그리고 그 쓴 것들을 어떻게든 마무리해야 할 때가 온다는 것이다. 이 대목에서 정복자들은 우위를 점한다. 붙들린 자들은 너무 산만한 나머지 자신이 본 것들, 잠깐이라도 사랑했던 것들을 모조리 통에 넣으려는 불가능한 일을 시도한다. 혹은 산책 자체를 도저히 멈출 수가 없다……! 이때 도움이 될 수 있는 방법이라면, 작품은 어느 순간 끝내더라도 붙들림은 끝내지 않는 것이다. 꼬리가 잘린 채로도 어쨌든지 간에 계속 앞으로 향하는 도마뱀처럼.

내 삶을 관장하는 이가 내가 아닌 것처럼, 내 글을 관장하는 자도 내가 아니다. 나는 수많은 해찰거리의 망에 붙들린 하나의 점에 불과하다. 나는 단지 눈을 크게 뜨고 순간순간에 충실하여 내게 다가오는 실마리들을 만지고 감각하고 관찰하고 머무를 수 있을 뿐이다.

9.　　　　　　　　　책이라는 메모 뭉치

**책이라는 매체에 각별한 애정을 가져온 이유에
대해 곰곰 생각해보자면, 그것은 책이 메모를 많이
품고 있는 매체라는 사실 때문인 듯하다.**

　나는 책이든 무엇이든 기본적으로 써먹을 수 있는지, 나에게 무언가 흥미로운 생각을 촉발하는지의 효용성 위주로 바라보는 사람이다. 오늘날 온갖 번쩍이는 동영상과 인기 급상승 드라마 소개, 정치인의 아무 말, 홍삼젤리 광고, 성인용 만화 광고, 무좀약과 비아그라 선전 가운데서 건져내져야 하는 텍스트를 써온 (하지만 대체로 선택받는 데는 실패한) 조야한 저널리스트로서의 정체성이 그렇게 만들어온 감도 없잖지만 여기서의 효용성이란 단지 이걸 가지고 통조림을 딴다거나 막대한 돈을 벌 수 있다는 차원만은 아니다.

　누군가에게 가장 간결하면서도 폐부를 찌르는 말을 건네고 싶은 마음, SNS를 볼 때마다 느껴지는 진절머리를 어떻게 해서든 소모적이지 않은 방식으로 버텨내고 싶다는 마음, 그러면서도 세상일에 눈감고 싶지 않다는 양가적 바람에서 비롯되는 마음 역시 효용성으로 설명할 수 있다. 비록 세간의 기준에서는 그렇지 않을 수도 있겠다마는.

이처럼 내가 효용성에 집중하는 사람임에도 매체적으로 가장 올드한 '책'을 붙잡은 이유는……이라고 썼다가 '임에도'라는 글자를 지운다. 효용성에 집중하는 사람이기 '때문에' 나는 책을 붙잡았다.

단순히 책에서 개인적인 즐거움과 위안을 찾았기 때문만은 아니다. 오늘날 가장 유용하다고 선전되는 온갖 뉴스레터와 SNS 글, 유료 구독 서비스 등보다도 서가에 잔뜩 쌓인 책들 가운데서 더 큰 실리적인 효용을 찾았기 때문이다. 이는 책 전반에 대한 이야기가 아니라 어떤 종류의, 시간과 편견을 뚫고 기필코 찾아와 내 멱살을 잡고 만 텍스트들에 대한 이야기다.

이런 텍스트들은 물론 오늘날의 블로그 구석, 광고 문구, 영상 속에서도 찾아볼 수 있겠지만 온라인 플랫폼 생태계의 발견성은 이용자가 그런 '진짜'들을 찾게 하는 데 특화돼 있지 않다. 엑스(구 트위터)가 일론 머스크 체제하에서 수익화 정책을 도입하면서 급속도로 소통 조건이 악화된 것만 보더라도 이 시대의 텍스트와 소통 경험에 대한 이야기에서 알고리즘을 빼놓을 수가 없다. 나는 결코 인터넷 반대론자가 아니다. 애초에 나는 온라인으로 글을 보내는 게 주업인 사람이다.

내가 책이라는 매체에 각별한 애정을 가져온 이유에 대해 곰곰 생각해보자면, 그것은 책이 메모를 많이 품고 있는 매체라는 사실 때문인 듯하다. 지금까지 내가 즐겁게 읽어온 책들에는 두서없이 번뜩이며 빛나는 생명력, 수상한 집념, 붙들림, 추진의 순간이 있었다.

당연한 이야기겠지만 못된 책을 읽을 때는 별로 하고 싶은 말이 없다. 그런 건 못된 유튜브 짜깁기 영상이나 저속한 기사들과 마찬가지로 최대한 빨리 덮어서 폐품함에 던져버려야 한다. (못된 책과 이상한 책은 다르다.) 실제로 나는 그런 책을 읽은 적이 있는데, 단 두 줄의 필사도 견딜 수가 없어서 깜짝 놀랐다. 겉보기엔 그럴듯해 보였는데 대강 훑어 읽다가 몇 군데를 옮겨 적으려고 자세히 들여다보니 마치 확대한 픽셀을 바라보는 것 같아 괴로워졌다. 이처럼 좋지 않은 예술의 감상에 대해 C. S. 루이스는 과거 버스 정류장 광고판에서 밀랍인형 같은 미소를 띠고 있는 남녀 한 쌍의 그림을 쳐다본 경험을 환기하며 (그런 작품들은) "좋은 작품처럼 대우받는 것을 감당하지 못"*한다고 말했다.

반면 좋은 책을 읽을 때는 그 안에서 알 수 없는 메모적 에너지가 느껴진다. 때로 그것은 정말로 메모처럼 보이는 불완전한 모습을 하고 있기도 하지만, 매끈한 표면을 가지고 있더라도 그 아래에서 올라오는 에너지로 충분히 느껴진다. 사람들은 그것을 '읽는 맛'이라든지 '문체' '느낌표 포인트' 등의 단어로 표현한다. 통상 이는 문학의 전유물처럼 여겨지기도 하지만 나는 비문학을 읽으면서도 수많은 메모적 에너지에 맞닥뜨렸다. 어쩌면 그것이 문학적으로 '완벽하지 못한(덜된)' 비-문학이라서 메모의 누덕누덕한 솔기들이 더 잘 보였던 것일까?

여하튼 책 속에서 나의 멱살을 잡는 메모들을 발견해 읽을 때에는 자연히 나도 하고 싶은 말이 생겼고, 그 앞에 앉아서 두런두런 이야기를 나눴다. 그것은 때론 격렬한 논쟁이 되기도, 몇 년에 걸친 토론이 되기도, 마음을 어루만지는 지루함이 되기도 했다. 어떤 텍스트를 읽을 때는 거기에 묘사된 악의에 너무 숨이 차 한동안 책을 덮어놓고 멍하니 천장을 바라봐야 하기도 했다. 두 마디쯤으로 묘사된 어느 60년 인생의 무거움에 까마득함을 느끼기도 한다. 그것은 두 손가락으로 비벼지는 얇고 네모난 종이 속에 들어 있지만, 우연히 주문에 걸려든 사람을 흔들어대고 이윽고 무

---

* C. S. 루이스, 《오독》, 홍종락 옮김, 홍성사, 2021, 30쪽.

언가를 뱉어내게 한다.

❖

<u>책은 셀 수 있고</u>countable, 많다many.

아마존 전 대표이자 창립자인 제프 베조스는 1997년 6월 특수도서관협회 콘퍼런스에서 진행한 인터뷰에서 1994년 무렵 아마존이 온라인 쇼핑의 초기 판매 품목으로 책에 집중한 이유에 대해 다음과 같이 말했다.

> 출판계는 전 세계적으로 각국의 언어로 300만 권 이상의 다양한 책을 인쇄하고 있으며, 영어로 된 책만 150만 권이 넘죠.**

그는 온라인에서 판매할 수 있는 수많은 품목들 가운데서도 책은 "엄청나게 특이한 혜택"을 제공해 다른 모든 종류의 상품들과 구별된다고 말했다. 그 특이함의 핵심은

** Tom Huddleston Jr., "In a 'lost' interview, Jeff Bezos revealed why he chose books as the 'best product' to sell on Amazon", *CNBC make it*, 2024.1.13.

'다양성'이다. 이 밖에도 적재와 보존, 배송의 용이성 등 여타 다른 이유들 또한 있었겠지만, 나는 이 인터뷰를 접하고 왠지 모르게 다양성을 언급한 대목이 오랫동안 머리에 남았다.

우리는 통상 책을 그저 유튜브, 영화, SNS 등 다양한 정보의 그릇들 가운데 하나로 생각하곤 하지만 책은 여러 면에서 굉장히 독특한 매체다. 그것은 크게 두 가지 차원에선데, 첫 번째는 베조스가 말했듯 그 종류가 굉장히 '많다'는 것이고, 두 번째는 그걸 '셀 수 있다'는 것이다.

우선 종류가 '많다'는 것에 대해서 얘기해보자. 2017년 기준 국제 ISBN기구에 따르면 전 세계적으로 지금까지 약 1억 개 이상의 ISBN이 부여되었으며 매년 미국에서만 약 100만 종의 책이 새롭게 ISBN을 부여받고 있다.

심지어 이 책들은 국가와 세월을 초월해 다시 소환되고 읽힌다. 예전부터 각 기관에서 매년 '올해의 책'을 꼽을 때 그 기준이 조금은 모호하다고 생각해왔다. 국내서 저자의 초판이라고 한다면 펴낸 시점에서 당연하게도 '올해의' 대상이 될 법하다고 생각하지만, 이미 2000년대 초반부터 인터넷 카페에 거의 전문이 올라와 있었던 《세이노의 가르침》은 어떠한가? 2023년 재번역된 《일리아스》는? 그리고 수많은 번역서들은 원서와 역서가 같은 해에 나오는 경우가 드물다.

책의 세계에선 약 3000년 전에 쓰인, 언어도 국가도 다른 작가의 책이 오늘날의 책과 동등하게 경쟁한다. 이것이 얼마나 엉뚱한 일이냐면, 수백 년 전을 살았던 장군과 역사가가 오늘날의 SNS 시인과 같은 구텐베르크 은하계의 거주민인 것이다. 그리고 오늘날 누군가가 어느 구석에 주목하느냐에 따라 어떤 글들은 거의 영원에 가까운 괴물적인 생명력을 가지고 꾸준히 사람들을 끌어들인다.

이 때문에 책은 한 개인이 그 천장을 올려다본다면 거의 사실상 무한에 가깝다고 할 수밖에 없다. 무한히 많은 책들이 꽂힌 '바벨의 도서관'까지 상상하지 않더라도 말이다. 우리는 고슴도치의 생활, 치과의 인문학, 등물의 감정에 대한 고찰, 그림일기 쓰는 법 등 상상할 수 있는 거의 모든 것에 대한 책을 찾을 수 있다! 마음만 먹는다면.

두 번째로 이것을 '셀 수 있다'는 것에 관해 얘기해보자. 책 속 내용은 셀 수 없지만 책 자체는 셀 수 있다. 우리는 보통 책이 아닌 다른 종류의 글을 읽을 때는 세는 단위를 의식하는 경우가 드물다. 예를 들면 온라인에서는 끝나지 않는 긴 텍스트를 끝없이 이어지는 파피루스처럼 풀어가며 읽는다. 또한 개별 텍스트의 생산자가 누구인지, 그 글에 어떤 고집과 얼굴이 있는지, 예를 들면 그 텍스트 생산자의 독특한 말버릇이 무엇인지, 사건은 무엇이었는지 등을 시시콜콜 따져가며 읽는 경우는 드물다. 영원히 이어지는 파피루스를 마주한 우리는 무언가와 대화를 나누기보다는 정보의 더미를 헤매며 사냥감을 찾는 사냥꾼일 뿐이다. 성급하게 흘러내리는 스크롤의 폭포 속 우리는 도저히 지루할 틈새가 없다. 그러한 '알갱이들'을 일일이 쥐어 세려는 것은 미련한 짓이며, 그럴 의미도 없다.

반면 책에는 '한 권'의 감각이 있다. 셀 수 있다는 것은 단절과 여백이 존재한다는 것이다. 불완전하고 간편한 형태이긴 하지만, 적어도 이 책을 쓴 자가 어떤 종류의 몸과 고뇌를 가진 사람이었다는 것, 그리고 그의 존재를 떠올릴 수 있을 만한 물성을 쥐게 되는 것이다. 우리는 그것을 손에 직접 든 채로 읽어 내려갈 수 있다.

그런데…… 대체 책은 어떻게 만들어지는가?

아무리 그 자체로 완벽하게 짜인 것 같은 구조물일지라도 대체로 우리에게 영감을 주는 좋은 책들 가운데 상당수는 인위적인 구조물이라기보다는 세월과 우연, 분투의 궤적이 우연히 만들어낸 자연 발생적 화석 혹은 상처 입은 살에 끼어 있던 진주 같은 것에 가깝다. 그것은 어떤 시대의 어떤 순간, 어떤 개성(들)이 만나 부딪고, 그 시대의 문제와 갈등을 어떻게 겪어냈는지 그 분투의 흔적을 부족하나마 남겨 보여준다. 비록 결과물인 '책'은 그 모든 분투의 과정과 누더기들, 기운 자국, 찢어진 페이지, 악필 메모 등을 지운 채 시침 떼며 세련된 완성형의 모습으로 우리 앞에 나타나곤 하지만 말이다.

만약 책이 의도적으로 시험관에서 수정 배태된 완결적 생명체라고 한다면, 그 많은 탁월하고 번쩍이는 상념들을 담은 칼럼 모음집, 유고집, 강연집, 서간집, 일기, 인터뷰집, 대담집, 띄엄띄엄한 아포리즘, 블로그 글 모음에 대해서는 무슨 말을 할 것인가? 쓰여질 당시엔 책이라는 완고한 물질로 엮일 의도가 전혀 없었던 어떤 종류의 수많은 조각글들, 분투들에 대해서 어떻게 말할 것인가? 그것이 책으로 묶여 나오고 나서야 비로소 자신의 편견을 발견한 저자들에 대해서는 무슨 말을 할 수 있을 것인가? 일본에서는 16세기 무렵 "인쇄본 출간을 염두에 두고 저술한 책"이 최초로 등장했다.* 반대로 생각하면 그 이전에는 그런 걸 염두

---

* 제임스 레이븐 외, 《옥스퍼드 책의 역사》, 홍정인 옮김, 교유서가, 2024, 171쪽.

에 두지 않았다는 이야기다.

혹은 질문을 통과하다가 저자의 의도와는 전혀 다른 방향으로 제멋대로 나아가버린 책들에 대해서는? 나는 더글러스 코플런드가 그의 대표작인 《X세대Generation X》를 원래 논픽션으로 쓸 작정이었지만 쓰다보니 장르가 바뀌어서 ('소설로 쓸 수밖에 없겠어서') 소설이 되었다는 일화를 좋아한다.

그간 나는 '해찰'이라는 키워드로 책 속 특정 지점에 붙박였고, 그 지점에서 메모와 글을 적어나가기 시작했다. 그것은 나의 뉴스레터가 수많은 다른 서평 기사 등과 구별되는 핵심적인 차이점이었다. 나는 그 해찰에 대해 그간 '자신(독자)이 주목한 것'이라는 키워드로 설명해왔다.

하지만 어느 순간부터 그 해찰이라는 것에 대해 '책 속 저자가 (자기도 모르는 새에 붙들리고 또) 유독 주목한 것'이라는 키워드로도 설명할 수 있지 않을까 생각했다.

이는 그간 작가들의 아포리즘 모음이 아닌 일기(작업노트)를 읽으면서 든 생각인데, 저자가 읽은 어느 책 속 대목이나 그가 유독 붙들린 한 표현이 다양한 형태로 변주되며 노트에 반복적으로 등장하다가 이윽고 어떤 작품에 그대로 실린 걸 보게 된다. 이런 대독은 작가가 유독 오랫동안 사로잡혔다가 책을 쓰면서야 그것으로부터 가까스로 달아날 수 있었던 어떤 종류의 망령적 사고다.

해파리처럼 온몸에 힘을 빼고서 텍스트의 바다를 유영하다보면 어느새 그런 것들에 맞닥뜨리게 된다. 유독 붙들려버리는 무언가는 저자와 출판사가 말하는 척의 '핵심 내용'이 아니다. 하지만 어떤 순간 단순한 인용구에 덧붙인 저자의 한마디, 지나가듯 뿌려놓은 한 단어에서 그런 유령을 느껴버리고 마는 것이다.

'책이란 과연 무엇인가?'에 대해 나는 과거 졸저에서 '굳이'라는 부사를 내세웠다. 책은 '굳이' 엮인 매체라는 것이다. 그냥 한때의 수다나 강연, 블로그 글, 낙서로 남아도 됐을 것들은 굳이 인쇄되어 세상에 나온다…… 그런데 이는 엄밀히 말하면 편집자의 시점에 조금 더 가깝다. 작가의 시점에서 책은 '그냥 쓰기(살기)'에 가까울지 모른다. 계속 그 자리에 머무르면서 쓰고, 쓰고, 또 쓰기. 태어남과 죽음 사이에 머무르며. 그 과정에서 계속 조금 더 나아지기를 시도하기. 계속 서핑보드 위에 머무르기.

서로 연결되고, 후회하고, 또 그 안에서 (본인마저) 상상하지 못했던 방식으로 텍스트들이 서로 엮이고…… 계속 써나가는 과정이 결과적으로 책으로 엮일 뿐이다. 물론 처음부터 책으로 엮일 예정으로 '총망라된' 글도 있지만, 그리고 그런 책들에도 의미가 있지만 조금은 다른 세계의 것이라고 생각한다. 그리고 심지어 그런 종류의 책들에도 종종 엉뚱한 메모적 순간들이 존재한다. 예를 들면 사전 속 고의로 포함된 농담 구절, 실수, 마운트 위젤mountweazels(저작권을 보호하는 등의 목적으로 사전에 고의로 삽입된 가짜 항목) 등이다.

❖

서지학자 D. F. 매켄지는 1992년 서지학 협회 기념사에서 "'책the book'의 역사는 셀 수 있는 책들books의 역사 그 이상이 될 것"*이라고 말했다. 나는 이 말이 주는 뉘앙스와는 조금 다르게, 셀 수 있는 책들 '이하'의 세계를 곰곰 생각한다. 책이 될 의도로 쓰이지 않는, 책(작품)이 될 수 없는 어떤 빛나는 순간들, 꺼져버리는 순간을 맨손바닥으로 붙잡은 메모들에 대하여…… 결국 그 세계는 셀 수 있는 책들의 역사 이상으로 확장될 것이다.

---

* 같은 책, 48쪽.

10. 인용이라는 머무름에 대한 단상

> 우리에게 '인용'의 형태로 보이는 대부분의
> 흥미로운 텍스트는 거대한 회색빛 아카이브에
> 충분히 머무르며 무언가에 붙들리고 만 사람들,
> 그렇게 머무르다가 그것을 직접 가지고 온
> 사람들의 것이다.

우리가 직접 경험한 것이야말로 최고의 글감이라고 하는 이유는, 어쩌면 우리가 그 경험 속에서 오랫동안 '강제로 머물러야만 했기' 때문일지도 모른다. 그 기억이 강렬하면 강렬할수록, 과거의 그 기억이 담긴 먼지 묻은 상자를 인생의 여러 국면에서 다시 꺼내어 곱씹으면 곱씹을수록 다채로운 이야기들이 흘러나온다. 처음 읽을 땐 미처 생각하지 못했던 측면들도 두 번, 세 번 꺼내어 살펴보고 숙고하고 또 망설이다보면 전혀 생각지도 못했던 깨달음들로 이어진다. 사람들은 자기의 경험에 대해서는 어느 정도 강제적으로 머무를 수밖에 없기 때문에, 기본적으로 자신의 경험을 쓰는 것이 좋은 글을 쓰는 손쉬운 방법이 되는 것이다.

박학다식하고 사려 깊은 평론으로 유명했던 영국 작가·평론가 C. S. 루이스는 생전 굉장한 기억력으로도 널리 알려져 있었다. 루이스는 어떤 작품의 어떤 대목이 몇 쪽에 나오는지까지 기억하고 인상 깊었던 구절을 줄줄 외기도 하며 자신의 저작에 심한 경우 1000개가 넘는 인용을 붙이기도 했다. 그는 과연 모든 것을 닥치는 대로 저장할 수 있는 타고난 기억력의 천재였을까?

실제로 어느 정도 타고난 재능을 가졌을지도 모를 일이지만, 나는 그의 삶에 대한 다른 사람들의 증언이나 헌사, 그의 서간문 등을 읽으며 다른 지점들에 주목했다. 어쩌면 그의 기억력은 단순히 타고난 기계적 저장장치로서의 능력이라기보다는 철저한 주목과 머무름, 관찰 습관에 기인한 것이라고 말이다.

그는 교수가 되고 나서도 옥스퍼드대학교의 보들리언 도서관 창가 자리에 앉아 몇 시간씩 책을 읽고 또 읽었다. 강연과 집필 등으로 아무리 바빠도 책 읽는 시간을 좀처럼 줄이지 않았다고 한다. 그가 보들리언 도서관에 있는 책을 거의 다 읽고 기억하고 있다는 소문에 리처드 셀릭은 보들리언 도서관에서 가장 지루한 책을 꺼내와 중세 영어 구절을 어렵게 더듬더듬 읽었는데, 그의 낭송이 끝나고 루이스가 곧바로 뒷부분의 열 구절 정도를 이어서 낭송했다는 일화는 전설로 남아 있다.

그는 책을 읽을 때면 반드시 읽은 내용 및 인상적인 구절 등을 체계적인 메모로 남겼고, 이런 메모를 만드는 과정 자체를 놀이나 취미처럼 즐기기까지 했다. 그의 동료이자 벗이었던 J. R. R. 톨킨은 루이스가 음독의 습관을 가지고 있었다고 말했다.

C. S. 루이스는 낭독을 듣는 데 큰 열정을 지녔으며, 귀로 들은 것을 오래 간직하는 기억력이 탁월했다.*

그의 서가에는 6000권의 책이 있었고, 생전에 그가 읽은 책은 대략 2만 권 이상인 것으로 추정된다. 그는 자신의 '사적 정경'에 들어오지 않는 종류의 책에는 관심이 없었을 뿐 아니라 외우지도 못했(않았)다고 한다.

---

* 1967년 9월 11일 톨킨이 윌리엄 루터 화이트에게 보낸 편지 중에서. William Luther White, *The Image of Man in C. S. Lewis*, Nashville: Abingdon, 1969, 221-222.

처음 인용이 등장하기 시작한 지점에는 분명 이런 고집스러운 머무름이 있었을 것이다.

인용이 가능하기 위해서는 최초로 누군가가 직접 아카이브를 만들거나, 혹은 아카이브의 어떤 지점에 주목해야 한다. 우리에게 '인용'의 형태로 보이는 대부분의 흥미로운 텍스트는 거대한 회색빛 아카이브에 충분히 머무르며 무언가에 붙들리고 만 사람들, 그렇게 머무르다가 그것을 직접 가지고 온 사람들의 것이다. 이런 인용에는 순간의 주목, 발견에서 나오는 깜짝 놀란 얼굴, 꿈틀대는 생명력이 존재한다.

아카이브에 머무르는 시간은 단지 산에 가서 '쓸 만한' 장작개비를 찾는 시간이 아니다. 아카이브에서 자료를 모으는 과정은 유용한 것의 '건져 올리기'뿐 아니라 쓸데없는 것까지 배회하고 섭렵하는 가운데 추려내는 과정, 내가 모아온 바구니를 뒤흔드는 껄끄러운 조우의 가능성을 포함한다.

프랑스 역사학자 아를레트 파르주는 아카이브에서 자료를 수집하는 과정에서 "어떤 자료도 빠뜨려서는 안 된다"고 강조한다. 기대하고 예상했던 자료들뿐 아니라, '불청객 같고 기대하지 않았던 자료의 무더기'에서 오히려 의외의 치명적인 무언가를 발견할 수 있다는 것이다.* 이런 순간은 결코 '필요한 정수'만 모아놓은 무더기에서는 맞닥뜨릴 수 없다.

텍스트의 먼지 쌓인 아카이브, 배회 과정에서 최초로 직접 반짝이는 무언가를 길어낸 사람은 "무한히 작은 것 속으로 파고들어"**가듯 그곳에 충분히 머무른 사람이다. 통상 여기서 사람들은 '직접'에 방점을 찍겠지만 나는 '충분히 머무르다'에 더 주목할 만하다고 생각한다. 그 머무름에서는 반드시 어떤 종류의 반짝이는 편견이 튀어 오르고, 그것에서 에너지가 생겨난다. 거꾸로 말하자면 이러한 에너지가 없는 인용은 인용이 아니다.

인용은 창작이다. 같은 장면을 보더라도, 그 순간 자신의 고집과 관점, 주장에 따라 전혀 다른 의미가 흘러나온다. 이 때문에 심지어 같은 말이 정반대의 메시지에 이어지기도 한다. 예를 들면 "다른 사람이 아닌 바로 내가 죽는다는 건 도저히 있을 수 없는 일이었다. 그것은 너무도 끔찍한 일이었다"***라는 문장이 기술초월주의자의 책에서 등

---

* 아를레트 파르주, 《아카이브 취향》, 김정아 옮김, 문학과지성사, 2020.
** 발터 벤야민, 《일방통행로/사유이미지》, 김영옥·윤미애·최성만 옮김, 길, 2007, 116쪽.
*** 레프 니콜라예비치 톨스토이, 《이반 일리치의 죽음》, 박은정 옮김, 펭귄클래식코리아, 2009, 99쪽.

장한다면 뻔뻔하고도 가증스러운 죽음을 향한 전의를 품은 메시지로 읽히겠지만, 병으로 곧 죽음을 앞둔 쇠약한 환자의 독백에서 삽입된다면 자신이 죽는다는 사실을 알면서도 현실을 바라보지 않으려는 취약한 발버둥으로 읽힐 것이다.

이처럼 같은 구절이나 연구라고 해도 전혀 다른 차원에서 인용되는 경우는 셀 수 없을 정도로 많다. 예를 들면 미국의 유명한 마케팅·언어 전문가 프랭크 런츠는 《먹히는 말》에서 "짧은 편지를 쓸 시간이 없었기 때문에 대신 긴 편지를 썼다"는 마크 트웨인의 글을 한 대목 인용한다. 그는 간결하고 적확한 표현을 떠올리는 것이 중언부언하는 이야기를 늘어놓는 것에 비해 훨씬 어렵고 시간이 오래 걸리는 일이라는 맥락에서 이 대목을 인용했다. 하지만 정확히 같은 구절을 사이먼 가필드의 《투 더 레터》에서는 어떤 편지를 보낼 때 충분히 진심을 담은 편지를 쓰는 것의 중요성, 편지를 쓰는 순간은 다소 경건한 마음으로 '긴 편지를 쓸 각오'를 해야 한다는 맥락에서 인용했다.

❖

이 글을 쓰면서도, 나는 적합한 수준의 인용을 유지하려고 애쓰고 있다. 그런데 과연 '적합한 수준'의 인용이란 무엇일까? 적합한 수준의 인용은 단순히 그 비율을 보기 좋게 만지는 것에 불과할까?

역사학자 앤서니 그래프턴은 《각주의 역사》를 통해 각주를 중심에 둔 독특한 역사를 그려냈다. 그가 이 책에서 내내 강조하는 테마는 적절한 양과 비중, 절묘하게 포함된 각주-인용이 역사적으로 굉장히 중요했다는 사실이다. (그 자신도 이 책에서 423개의 각주를 발아래 우아하게 거느리고 있다.)

과거에도 당연히 자신이 가진 것 이상으로 학식을 부풀려 뽐내려는 학자, 저자들은 많았다. 과학적인 형식으로서의 각주가 탄생한 19세기 이전부터 14~15세기의 호고가들, 교회주의자, 17~18세기의 박물학자들은 탐욕스럽게 이전의 공문서 및 1차 사료들을 수집해 자신의 작품에 인용해왔다. 이들의 수요를 충족하기 위하여 구텐베르크 인쇄혁명 이후 17세기 무렵부터 성경이나 각 고전에서 뽑아 엮은 격언집, 인용집들이 성황을 이루었고, 처음부터 끝까지 다 읽지 않더라도 어떤 단어가 나오는 단락만을 골라 읽을 수 있도록 한 색인이 중요하게 여겨졌다. 태움과 숙고가 적은 이들이라 할지라도 이런 인용집이나 격언집을 통해 자신의 책에 위대한 석학의 절묘한 말들을 마음껏 가져다 쓸 수 있게 된 것이다. 오늘날 검색 몇 번으로 위키피디아나 기사 등을 '참고'하여 어떤 주제에 대해 꽤 긴 글을 마음껏 써낼 수 있는 것처럼 말이다.

하지만 중요한 건, 각주 및 인용은 결코 '다다익선'이 아니라는 사실이다.

인용은 불완전하게나마 자신의 말을 '직접' 해나가는 데 필요한, 어디까지나 도약대가 되어야 한다. 다시 말해 인용은 불완전함을 의지하기 위한 난간이 아니라, 그래서 타인의 세계에 매몰되는 것이 아니라, 자신의 말을 더 풍요롭게 하기 위한 도구가 되어야 한다. 다르게 말하면, 글을 풍요롭게 하는 대신 산만하고 어지럽게 만드는 인용이라면 문밖으로 쫓아내야 한다.

18세기 프랑스 계몽기의 사상가 볼테르는 수많은 학문적 세부 사실들을 주렁주렁 달고 있는 글들을 못마땅하게 여기며 말했다.

> 세부 사실들에 화가 있을진저! …… 그것들은 대작을 해치는 일종의 해충이오.*

19세기 독일의 역사가 랑케 역시 마찬가지였다. 그는

---

* 앤서니 그래프턴, 《각주의 역사》, 김지혜 옮김, 테오리아, 2016, 128쪽에서 재인용.

"신사들은 말을 타듯이—노련하지만 노력이 드러나지 않게—글을 써야 한다"**고 주장했다. 앤서니 그래프턴은 '문학적 진정성'과 '기록의 진정성'을 모두 붙잡으려고 노력했던 랑케의 태도에 대해 다음과 같이 서술한다.

> 랑케는 젊은 저자로서 부득이한 경우에만 주를 사용해야 할 것 같다고 주장했다. …… 랑케는 여전히, 각주가 있음을 알리는 표시로 자신의 텍스트를 망가뜨리지 않고 진흙이 붙어 부어 오른 발 같은 주석으로 자신의 지면을 더럽히지 않을 방법을 찾고 싶어 했다. …… 랑케는 자신의 저작에서 주석의 존재를 기껏해야 필요악 정도로 여겼다.
> …… 현학적이어 보이는 것을 혐오한다고 공언했을 때, 그는 그저 점잔을 뺀 것이 아니었다. ……
> …… 내가 인용의 출전에 관한 사항을 표시한 것은 찾아보려는 사람들을 위한 것이지 찾아보지 '않으려는' 사람들을 위한 것이 아니다. ……
> …… 랑케는 서사의 일관성을 유지하기 위해 애쓰고 있었다. 그리고 기록의 전문을 자신의 텍스트 뒤에 배치함으로써 두 종류의 진정성, 곧 문학적 진정성과 기록의 진정

** 같은 책, 292쪽.

성을 모두 독자에게 제공하려고 했다.* (강조는 저자)

하지만 어떤 종류의 각주 및 인용은 과학적 신뢰를 더해주거나 한 발 더 나아간 새로운 세계로의 입구가 되기도 한다. 또한 어떤 경우에는 다소 불필요해 보이는 인용들이 그 자체로 글의 리듬이라든지 쓸데없는 지대를 부여하고, 때론 읽는 맛을 더해주기도 한다.

무엇보다 중요한 것은, 더 나은 텍스트를 향한 진정성(긴장)이다.

보통 글을 쓰기 위해 메모를 하는 사람들은 혹시 모를 인용을 고려한다. 오늘날 그 인용은 꼭 책이나 사료라는 '깊은 우물'에서 직접 길어 올리지 않아도, 몇 번의 검색만으로도 가능하다. 순식간에 몇십 쪽씩 채울 수 있을 정도로 많은 걸 찾아낼 수 있다. 직접 검색할 필요도 없이 생성형 인공지능에 원하는 키워드를 입력하고 적당하게 인용할 만한 구절이나 작품을 추천받을 수도 있다.

우리는 볼테르가 그토록 피하고 싶어 했던 '세부 사실의 지옥'에 굳이 자진해서 빠져들 필요가 있을까? 그보다는 어떻게 문학적, 비평적 진실을 발굴해낼지, 혹은 어떻게 우

---

* 같은 책, 91~99쪽.

리 자신의 쓸모에 가장 적합하게 인용할지를 고민해야 하지 않을까? 이렇게 되면 우리는 메모에 대한 과중한 압박에서도 조금은 벗어날 수 있는데, 애초에 '억지로' 암기하고 내 팔 아래에 현학적 욕심으로 거느려놓은 잡동사니 보석 상자는 결국 제대로 써먹을 수 없을뿐더러 써먹는다고 하더라도 좋은 결과물로 이어질 수 없을 거라는 사실을 깨달을 것이기 때문이다.

앤서니 그래프턴은 수많은 고전의 인용들로 이루어진 리처드 화이트의 《고대 브리타니아식 주를 붙인 역사서》에 대해 다음과 같이 신랄하게 비판했다.

> 화이트는 싸구려 글을 뒷받침하기 위해 감당할 수 없는 양의 해설을 활용했다. …… 그의 우아하고 근대적이어 보이는 조제물은 안니우스의 캐서롤을 데워놓은 것, 몇 가지 새로운 성분을 가미했지만 근본적인 맛의 차이는 전혀 만들지 못하고 유통기한도 늘리지 못한 것에 불과하다.[**]

결국 인용에 대한 이야기는 필연적으로 읽고 쓰기에 대한 다소 근원적인 이야기로 되돌아갈 수밖에 없는데, '과

[**] 같은 책, 174쪽.

연 우리는 무엇을 위해 읽고 쓰는가?'라는 것이다.

역사가들이 세부 사실을 늘어놓는 것을 혐오했던 볼테르라면 차라리 망각을 은혜로 여겼을는지 모른다. 지나치게 자세한 것들을 기억하는 바람에 자신의 글에 쓸모없는 솔기들이 잔뜩 붙는다면 그의 천의무봉에 누가 되었을 것이기 때문이다.

다만 어떤 종류의 인용들은 그 자체만으로도 글을 풍요롭게 한다. 데이비드 실즈의 《리얼리티 헝거 Reality Hunger》 같은, 인용들(다시-쓰기)만으로 이루어진 책도 있고 말이다.

하지만 이 경우에도 중요한 것은, 다시 말해 인용만으로 책을 만들기 위해서도 그 인용을 주목해서 완전히 자기 것으로 만들고 그것을 적재적소에 배치하여 연결해야 한다는 사실이다. 이런 글 역시 무조건 더 많은 것들을 무한히 쌓으려는 욕구에서는 절대로 나오지 않는다. 쌓으려는 욕구라기보다는 차라리 머무르고, 관계 맺고, 통과하려는 욕구에 기반한다.

내 메모에서 '베껴 쓰기'의 과정은 굉장히 중요하다. 어쩌면 핵심이라고도 볼 수 있는데, 나는 결코 인상 깊은 대목을 사진으로 찍거나 스캔하지 않는다. 기억하고자 하는 대목이라면 반드시 '전부'를 옮겨 적는다.

비문학의 경우 중간중간 재미없는 부분은 중략하며 날

리기도 하는데, 중략이 많아질수록 나는 그 글에 메스를 대고 직접 함부로 헤집고 해체-재구성하는 야만적인 인부가 되는 기분이다. 하지만 이런 과정이 없다면 그 글은 내 것이 되지 않는다. 과연 AI에 의존한 기계적인 인용이 이런 중략을 사려 깊게 적재적소에 적용할 수 있을까? 흥미로운 인용문을 제대로 뽑아낼 수 있을까? 그 '아하 포인트'를?

주목할 곳에 '제대로' 주목하는 것은 실은 웬만큼 숙련된 인간에게도 어려운 일이다. 전간기(1918~1939) 볼셰비즘에 대한 공포가 어떻게 파시즘의 견제받지 않는 득세를 낳고 그것이 2차 세계대전으로 이어졌는지를 '직접' 7개국의 문서고를 뒤져 써낸 역사학자 조너선 해슬럼은 《전쟁의 유령》 서문에서 말한다.

> 보통 나는 연구 보조원을 쓰지 않는다. 연구 보조원을 쓸 경우, 자동적으로 전문가만이 인지할 수 있는 예기치 않은 발견이 배제될 수 있기 때문이다. 잘못된 방향으로 출발한 모든 이가 아메리카를 발견하지는 않는다. …… <u>기민한 역사학자에게 뜻밖의 발견은 그야말로 전부이다.</u>[*]

---

[*] 조너선 해슬럼, 《전쟁의 유령》, 우동현 옮김, 아르테 2024, 18~19쪽.

(강조는 저자)

당연한 얘기지만 모두가 주목할 만한 것에 주목할 줄 아는 것은 아니다. 어쩌면 세상이 번잡해질수록 주목할 줄 아는 능력은 더욱 중요해질 것이다. 그리고 주목할 것에 주목하는 능력은 오랜 읽기와 관찰을 통해 길러진다.

쌓는 일에 몰두하는 대신 그 자리에 잠시라도 머무르려는 이들은 텍스트에 의해 변화한다. 변화하고 나면 그것을 어느 정도 잊고, 우리는 종종걸음으로 또 다른 텍스트의 산을 오른다…… 무언가 흥미를 끌 만한 풍경을 발견하기를 바라면서.

11. 읽기의 능동적 수동성

**메모는 읽는 동시에 쓰는 사람, 텍스트에
주해를 다는 방식으로 치밀하게 해찰하며 읽는
사람의 독서/글쓰기 방식이다.**

우리는 책을 읽을 때 통상 저자의 의도를 중심에 두라고 배워왔다.

그러나 나는 저자의 의도를 고스란히 받아들이기보다는 책의 중심 내용과 별 관련이 없더라도 괜히 마음에 들어오는 부분들에 대한 읽기의 의미를 강조하고 싶다.

책을 읽을 때 우리는 단순한 방식으로 그 안에 들어가지 않는다. 저자의 말에 귀를 기울이면서도 우리가 19세기 유럽인이 될 수 없는 이상 텍스트오- 나 사이에는 어떤 형태로든 간극이 존재할 수밖에 없다. 그 간극, 차이에서 구체적인 어떤 생각이 피어오른다. 물론 모든 책이 그렇지는 않기에 그런 책을 만나는 일은 소중하다.

우리가 독서를 할 때 실제로 무슨 일이 벌어지는가?

독서를 하기 전 이미 그 책을 특정한 맥락(서가, 신문의 서평란, SNS 등)에서 여러 차례 발견했을 수 있고 그 순간 텍스트 읽기는 시작된다. 표지와 목차, 추천사 등을 먼저 읽게 되는데, 설계자와 목수가 얼마나 정성을 들여서 구조를 세우고 세세한 방식으로 웅장함을 극대화하려고 의도했을지라도 어쨌든 간에 일개 독자로서의 나는 작은 두발로 종종걸음을 하며 그 안으로 들어갈 수밖에 없다. 코끼리가 큼지막하고 길게 묘사되어 있다면 나는 한 시간에 걸쳐 코끼리 앞을 지나게 되고, 코끼리의 몇 배는 되는 에펠탑이 성냥개비만 하게 묘사되었다면 금세 지나치기도 한다.

다시 말하자면 텍스트 '산책자'는 타인에 의해 조성된 텍스트 세계를 방문한다.

그는 과객이지만, 한편 자의로 중간에 졸거나 저자가 신경 써서 빚은 건축물을 무시할 수도 있다. 저자가 주목을 유도한 건축물 대신 창틀 위에 앉은 딱정벌레만을 바라볼 수 있으며, 공식적인 관광 명소를 둘러보는 대신 벤치에 앉은 또 다른 관광객과 길거리 스낵을 먹으며 잊지 못할 대화를 나누는 것도 가능하다.

만약 산책자가 '의미 있는' 관광거리로만 가득한 도시에 떨어진다면, 그리고 그런 것들만 보도록 강제된다면 볼 것이라고는 거의 없는 시골 마을에 떨어진 것보다도 참담해지는 일일는지 모른다. 산책자는 텍스트를 읽는 내내 집중하지 않는다. 그는 자신에게 깊은 인상을 주었던 한 아이의 모습, 옆자리에 앉았던 사람들의 대화를 음미하고 복기하느라 한참 동안 자신을 지나치는 배경들을 흐릿하게 내버려둘 수도 있다. 그는 때로 읽지 않을 수 있는 자유를 원한다. 그는 걷다가 문득 멈춰 서서 작은 표지판 속 오자를 뚫어지게 바라볼 수도 있다.

독서 또한 독자가 책에 대해 갖는 존경심과는 별개로 어느 정도는 이런 모양새를 띨 수밖에 없다. 여기서 나는 산책자가 '제멋대로'라는 측면보다는, 그가 쾌활한 정신을 가지고서 '직접' 거리를 밟아보고 지루한 시간을 포함해 충분한 시간을 보내는 이라는 측면에 주목해주길 원한다. 그는 세세한 즐길거리를 원하기도 하면서, 동시에 자신이 방문한 도시의 전체적인 풍광을 궁금해하기도 한다. 하지만 전체적인 풍광을 보는 것이 세세한 즐길거리를 충분히 즐기는 일을 대체하거나 서로 배격되는 관계는 아니다.

산책자는 기본적으로 자신의 솔직한 욕망을 따라간

다. 따라서 전체를 조망하려고 하더라도 그것은 그가 '그렇게 하고 싶기 때문'이다. 그는 텍스트가 앞에 있으니까, 사람들이 그것이 훌륭하고 권장할 만한 텍스트라고 여기니까 같은 이유로는 그것을 정복하려고 하지 않는다. 그보다는 차라리 길가에 핀 작은 꽃이나 엉성하게 생긴 돌탑, 오자가 섞인 표지판 때문일 수 있다.

그는 편안하고 열린 마음으로 동네를 돌아다니면서, 직접 발로 돌아다니지 못했다면 만나지 못했을 수많은 크고 작은 모험에 참여하거나 휩쓸린다. 산책자는 기본적으로 그곳을 방문한 손님이고, 그곳—삶의 풍경—에 녹아들지 못한 채 어중간한 자세로 지나쳐 계속 걷는 사람이지만, 어쨌든 간에 걷고 싶기 때문에 계속해서 걷는 사람이다. 자신의 보폭에 맞추어 관찰하면서. 그에게 무엇보다도 중요한 것은 걷는 것 그 자체 혹은 걸으며 보고 느낀 것들의 총합이다.

오늘날 수많은 텍스트가 생산되고 복제되며, 우리의 주목을 끌기 위해 노력하는 것들은 너무나 많다. 이런 상황에서 직접 걷는다는 행위는 어리석고 비효율적인 것처럼 여겨지기까지 한다. 5분 만에 요약본을 읽고 핵심을 파악할 수 있는데 대관절 어째서 직접 읽어야 한다는 말인가.

만약 읽기와 쓰기가 온전히 분리된 것이며, 오로지 읽기만이 목적이라면 요약만을 마시는 것도 그리 나쁜 선택지는 아닐지 모른다. 하지만 읽기와 쓰기가 동전의 양면처럼 하나로 딱 붙어 있다고 보는 나는 요약으로 읽는 텍스트를 대체로 내용물 없는 빈 상자 정도로 여긴다. 무언가를 알고 있다는 겉모습은 대강 비슷해 보일지라도 본질은 전혀 다르기 때문이다.

요약문의 독서는 어떤 감상도 촉발하지 않는다.

직접 거리를 걷는 것을 통해서만 산책자는 방해물을 만날 수 있다. 그는 자신이 좋아하는 것 혹은 좋아하는지조차 몰랐던 것에 맞닥뜨리기도 하지만, 무엇보다도 불쾌하거나 반박하고 싶은 사고에 맞닥뜨리게 되는 일들이 있다. 그것은 단순히 바깥을 관찰하는 일을 넘어 자신의 작은 세계의 테두리를 감각하고 스스로의 편견을 관찰하게 되는 일이기도 하다. 우리는 가끔 불가해한 낯선 도시에 자신을 놓아두는 경험을 함으로써 자신의 취약성과 개성을 감각한다.

특히 싫어하거나 지루하고 난해하게 여겨지는 것에 대해 마음을 잡고 자세히 쳐다보는 일은 텍스트 산책자의 중요한 즐거움이라고 할 수 있는데, 대체로 현실에서 우리는 조금이라도 지루하고 불편하게 느껴지는 사람과 시간을 보내려 하지 않기 때문이다. 하물며 남의 사정이 뭐가 중요하겠는가. 하지만 책의 세계에서는 조금 더 마음을 열고 누군가의 사정에 빠져들어볼 수 있다.

또한 직접 걷는 시간은 휴지를 부여한다. 통상 책을 '직접' 읽으라는 조언은 저자가 하는 이야기를 처음부터 끝까지 '제대로 흡수'하기 위한 차원에서 이루어지곤 한다. 하지만 이런 맥락에서 책 읽기를 다그치는 이들은 대체로 책이 너무 위대하다는 생각에 빠져 혹여나 책이 상할까 비단 보자기에 싸서 서랍에 보관하는 종류의 사람이 아닌가 한다.

책을 직접 읽어야 하는 또 다른 이유는 책이 글자뿐 아니라 행간을 담고 있기 때문이다.

이는 어떤 측면에서 '행간-읽기'보다 '행간-쓰기'*에 가깝다. 행간에서 읽어내는 내용은 독자의 고유한 생각이며 책이라는 텍스트와 자신이라는 텍스트가 맞닥뜨리는 순간 걷잡을 수 없이 피어오르는 것이기 때문이다. 그렇게 피어오르는 생각은 그것이 흥미롭다면 좀처럼 억누를 수 없다. 심지어 금서처럼 유통을 금지하는 것도 불가능한데 왜

---

* 김성우, 《인공지능은 나의 읽기-쓰기를 어떻게 바꿀까》, 유유, 2024, 183쪽.

냐면 이처럼 촉발되는 생각은 저자가 의도한 내용과는 전혀 별개의 것일 수 있기 때문이다.

'문장 쓰기'가 저자의 몫이라면 '행간 쓰기'는 순전히 독자의 몫이다. 미셸 투르니에는 모험 소설인 《로빈슨 크루소》를 《방드르디, 태평양의 끝》이라는, 미개인 프라이데이가 중심인물로 부각되는 전복적인 텍스트로 읽어냈다. 제임스 조이스는 호메로스의 《오디세이아》를 《율리시스》로 읽었고, 마거릿 애트우드는 《페넬로피아드》로 읽었다.

르네상스 이전, 저작권 개념도 없고 단일한 저자라는 개념마저 희박하던 시절 학자들은 대체로 '나의 글'을 쓰는 사람이라기보다는 '경전을 읽고-행간을 쓰는' 사람이었다. 그들은 읽기를 중심에 두고 그 텍스트에 끝없이 주해, 주석을 덧붙여가는 과정을 반복했다. 그 과정에서 읽기와 쓰기는 나눌 수 없는 것이었다. 그들은 텍스트를 필사하고 외우는, 그리고 사려 깊게 주석을 덧붙여가는 과정에서 자신의 생각을 키워갔다.

텍스트에 대한 주해나 감상이나 재창작, 즉 어떤 텍스트로부터 '촉발된' 텍스트는 원텍스트에 종속적이고 하등한 것인가?

"세상에는 오직 한 권의 책이 있다"고 할 만큼 텍스트 생태계에서 수많은 작가들은 자신이 직간접적으로 접해온 수많은 텍스트들에 영향을 받아왔다. 그 영향은 의식한 상태에서 일어나기도 하지만, 의식하지 않은 상태에서 일어나는 경우가 훨씬 많다.

다시 말해 많은 작가들은 어느 한 텍스트에 의해 촉발된 글을 써왔다. 그 원텍스트는 직접적인 인용 등의 형식으로 드러나기도 하지만, 드러나지 않기도 한다. 내가 책을 읽고 나서 쓴 글을 뭉뚱그려 '서평'이라고 부르는 데 부정적인 이유이기도 하다. 책을 읽고 나서 쓴 글을 모두 서평이라고 부르는 건, 쓰기에서 책/읽기의 영향력을 과소평가하는 것이다.

마키아벨리는 리비우스의 《로마사》 한 질을 비판적으로 뜯어읽고 분석하는 과정의 초서를 모아 《로마사 논고》를 썼고, 《로마사 논고》를 쓴 과정의 초서들을 모아 《군주론》을 구성했다고 한다. 과연 마키아벨리의 독서는 '읽기'인가 '쓰기'인가? 《군주론》이 마키아벨리라는 천재의 뱃속에서 완벽한 형태로 태어난 단독물인 것처럼 여기는 것은 반만 옳은 일이다. 그가 있었기에 《군주론》은 나올 수 있었지만, 그의 아버지가 9개월 동안 열심히 일해 번 돈으로 구입해준 《로마사》를 읽고 또 행간을 쓰는 과정이 없었다면 그런 책은 결코 나올 수 없었을 것이다.

조선 후기의 실학자 이익의 《성호사설》은 그가 사십

대 전후 무렵부터 독서를 하다가 느낀 점, 혹은 제자들의 질문에 답한 내용들을 간단하게 기록해두었던 메모들을 그의 조카들이 엮어서 펴낸 것이다. 그것을 다시 한번 제자인 안정복이 편집하여 세상에 나온 것이 《성호사설유선》이다. 어떤 책의 독서를 하다가 느낀 점을 적은 것은 과연 '독후감' 아니면 '서평'이라는 이름 중 어딘가에 반드시 편입되어야 하는가? 그런 분류에 따라 독자의 읽기 경험이 달라지기라도 하는가?

아예 애초부터 대놓고 특정한 작품(발자크, 《사라진느》)에 대한 독해라는 점을 내세운 바르트의 《S/Z》는 30여 쪽 남짓한 발자크의 경장편을 몇 달에 걸쳐, 200쪽이 넘는 분량으로 촘촘하게 독해해낸 기록이다. 그것은 《사라진느》에 대한/비롯된 것이기도 하지만, 이미 《사라진느》와는 독립된 하나의 텍스트이다. 그는 한 인터뷰에서 《사라진느》를 '읽고' 《S/Z》를 '쓴' 경험에 대해 이렇게 회상한다.

> 《S/Z》가 내게 중요한 책이라면, 그것은 실제로 거기서 하나의 돌연변이/변화mutation를, 내 자신에 대한 어떤 변화를 시도하는 데 성공했기 때문입니다. …… 비교적 짧은 텍스트를 가지고 조작하면서opérer …… 나는 운 좋게도 몇 달 동안이나 30여 페이지에 머무를 수 있는 권리를

스스로에게 부여할 수 있었습니다. 이렇게 텍스트를 진정 '한 걸음 한 걸음pas à pas' 답사하다가 이론적인 변화가 내도한 것입니다. 나는 개인적으로 참 운이 좋았습니다……. 텍스트를 '한 걸음 한 걸음' 접근하려고 구상한 직관이나 인내심, 혹은 반대로 순진함을 가졌다는 게 말입니다. 바로 이것이 이론적인 변화를 결정했다고 생각합니다. 나는 대상에 대한 지각의 층위를 바꾸었고, 그렇게 함으로써 대상 자체를 바꾸었습니다. …… 디드로의《백과전서》에 삽입된 삽화만 생각해보아도 잘 알 수 있습니다. 그 삽화는 당시 혁명적이라고까지 할 수 있는, 그 시대의 현미경으로 본 1/2제곱미터로 확대된 벼룩이었는데, 그것은 실제의 벼룩과는 전혀 다른 그 무엇(초현실주의적 대상)이 되었습니다. 지각 층위의 변화는 일종의 마술 거울처럼 대상을 확대합니다.*

만약 글쓰기에서 글읽기를 고립시킨다면, 우리는 다만 사회학적 혹은 현상학적 유형의 이론에 불과한 문학 이론만을 생산해내게 될 것입니다. 그런 이론에 따르면, 글읽기는 언제나 글쓰기의 투사projection로 정의될 것이며, 독자

---

* 롤랑 바르트,《텍스트의 즐거움》, 241~242쪽.

는 작가의 초라한, 무언의 '형제'처럼 정의될 것입니다.**

그렇다면 얼마나 영향받아야 어떤 책을 읽은 뒤의 기록이 '나의 저작'이 되는가? 그런데 과연 내 것이란 무엇인가? 순전한 내 것을 찾아 자신의 '안'을 새삼스럽게 들여다봤자 허름한 경험들 몇 조각이 자리 잡고 있을 뿐이기에 좌절에 빠지게 된다. 그것은 자신이 매력적이지 않은 존재여서라기보다는, '촉발'되고 '영향'을 받는다는 차원에서의 수동적인 글쓰기를 배우지 못했기 때문이다. 주목할 만한 것에 주목하기를 배우기 위해서는 우리의 내면을 '촉발'할 대화 상대, 바깥 풍경이 필요하다. 바깥으로 시선을 돌리는 순간, 펜은 나도 알지 못하는 방향으로 움직이기 시작한다. 나를 향하는 구심력과 밖으로 향하는 원심력이 절묘하게 균형을 이루는 지점에서 어떤 글들은 쓰인다.

메모는 읽는 동시에 쓰는 사람, 텍스트에 주해를 다는 방식으로 치밀하게 해찰하며 읽는 사람의 독서/글쓰기 방

** 같은 책, 252쪽.

식이다.

그는 가지런하고 매끈하며 휘황찬란한 조감도보다도 읽는 순간 촉발되는 무언가에 집중한다. 오히려 메모를 쓰기 위해서 읽게 되기도 한다. 메모를 하며 읽는 순간 우리는 솟구쳐 오르는 생각, 촉발되는 신선한 무언가의 에너지를 한껏 받아들인다. 미처 '나'를 의식할 틈도 없이 일단은 마음껏 영향받는다. 그것을 비판적으로 바라보는 것은 나중 일이며, 중요한 건 내가 불신을 정지하고 일단 그 텍스트에 빠져들어 뒹굴어봤다는 사실이다.

과거 국제도서전의 한 부스에선 '작가'라는 글자가 굵게 새겨진 금박 배지를 참여자들에게 나눠 주었다. 많은 사람들은 기쁘게 그것을 받았다. 만약 그것이 '독자'라는 배지였다면 과연 금박 입힌 고딕체로 쓰였을까? 아니, 그런 건 애초에 배지로 만들어질 일도 없었을 것이다.

실제로 오늘날 '독자'는 이러니저러니 해도 아주 수지 맞지 않는 일이다. 수동적으로 한참 동안 남의 말을 그저 머리에 인 돌덩이처럼 견뎌야 하질 않나, 그걸로 통장에 돈을 받는 일도 아닌 데다가 저자처럼 거들먹대며 영광을 얻는 것도 아니고 직접 참여하는 재미조차도 없는데 아주 흥미로운 주제가 아니라면 굳이 독서를 할 이유가 어딨겠는가?

하지만 말 잘 듣는 독자가 아니라 딴짓하며 떠들어대

는 독자가 될 수 있다면 독서는 오늘날에도 여전히 꽤 흥미로운 일이다. 어떤 텍스트든 독자가 없으면 의미가 없다. 독자는 그 책에 숨을 불어넣고 행간을 새로 쓰는 이, 이런 일들을 통해 책의 생명력을 더 넓고 길게 퍼트리는 존재이다. 무엇보다도 주고받음의 간곡함과 즐거움으로부터 쓰기가 나온다. 이들의 세계는 순수한 선물의 세계다. 그런 독자에겐 월계관을 쓴 저자가 될지 말지는 나중 일이다.

12. 여백에 낙서하기:
무한 확장하는 마지네일리아의 세계

메모, 낙서, 접기 등 책장의 여백에 남은 모든 종류의 자국은 읽는 사람의 순전한 그 순간의 동요, 벅차오름을 드러낸다. 그리고 무언가 새로운 텍스트가 열리는 순간을 펼쳐낸다.

한 미디어 철학자(빌렘 플루서)가 아직까지도 '구닥다리 매체'인 종이 신문이 인쇄되다니 참 불가사의하고 이상한 일이라고 말한 게 1980년대의 일이다.*

그로부터 무려 반세기가 흘렀는데 나는 아직도 집에서 종이 신문을 받아 본다. 가끔 두고 볼 만한 글이나 그림이 있으면 찢어서 벽에 붙여두는데 많아봐야 1년에 네댓 개 정도밖에 안 되고 벽에 붙일 정도까지는 아닌 나머지는 서랍 안에 넣어두었다가 영영 깜빡하고 노랗게 변색 되고서야 폐

---

* 빌렘 플루서, 《글쓰기에 미래는 있는가》, 윤종석 옮김, 엑스북스, 2015, 14장.

품함행이다. 한때는 새벽마다 각기 다른 신문사의 신문 세 부가 집으로 배달됐는데, 사흘만 읽을 시간이 나지 않아도 무려 아홉 부가 밥상 위에 쌓였다. 이런 걸 계속 밥상 위에 얹어놓았다가는 아침마다 체하지 않는 게 다행이라 몇 년 전부터는 받아보는 신문을 한 종으로 대폭 줄였다.

보려고 구독하긴 했지만, 기실 내게 신문은 대체로 (대부분의 면에 누가 이미 낙서를 해둬서 쓸모없는) 밥상 위 거대한 메모지 같은 역할을 한다. 낙서하기에 가장 좋은 면은 넉넉하게 배경을 방치해둔 대기업의 사치스럽고 우아한 광고면인데, 주로 흰 바탕이나 하늘이 배경이다. 그때그때 떠오르거나 신문을 읽으면서 드는 단상이 있다면 거기에 대충 끄적인다. 한참 휘갈겨가며 쓰다보면 나중엔 자리가 부족해서 점점 글자가 작아지지만 면을 이어가면서 쓸 생각은 잘 들지 않는다.

신문은 인쇄물 중에서도 여백에 굉장히 인색한 편이다. 경제성 차원의 문제가 컸겠지만, 신문의 빼곡한 지면을 보고 있자면 압도되고, 너 따위가 끼어들 곳은 송곳만큼도 없다고 말하는 것 같아 주눅이 든다. 지금처럼 전면광고도 드물고 빽빽하게 글자로만 차 있던 수십 년 전의 시절이라면 낙서마저 불가능했을 것이다. 실제로 1960년대 신문을 찾아보면 전면광고는 존재하지 않고, 광고란도 아주 작게

쪼개어져 영화 개봉, 문제집 판매, 입학 상담, 구인 등을 알리는 글자로 빼곡하다.

기자들은 가끔 농반진반으로 "어제 마감 못해서 오늘 백지로 지면이 나가는 꿈을 꿨어. 식은땀이 나겠더라" 말하곤 하는데, 신문 뭉치를 받아보는 독자로서 문득 이런 생각을 했다. 어차피 제대로 읽는 사람들도 별로 없는데(?) 그냥 한 면쯤은 메모용으로 빈 면이 있으면 좋지 않을까 하고.

실제로 1696년 영국의 언론인이자 서점 주인이며 작가였던 벤저민 해리스는 《퍼블릭 어커런시스: 해외 및 국내 뉴스Publick Occurrences, Both Foreign and Domestick》를 발간하며(창간호가 곧 폐간호였다) 총 네 면인 신문의 한 면을 의도적으로 비워두었다. 독자들이 제각기 낙서나 자신만의 다른 뉴스, 의견 등을 적게 하기 위해서였다. 18세기 미국 식민지 시대의 최초 정규 신문이었던 《보스턴 뉴스레터The Boston News-Letter》의 일부 호는 당시 통상적으로 쓰던 절반 크기의 시트half sheet가 아니라 여백을 둔 온 시트full sheet로 찍혀 나왔다. 그 여백에는 일지라든지, 남에게 들은 이야기라든지, 낙서를 자유롭게 적을 수 있었다.*

여하튼 나는 신문뿐만 아니라 카드 청구서 뒷면이나

---

* 톰 스탠디지, 《소셜 미디어 2000년》, 193쪽.

우편 봉투 등에도 낙서를 한다. 밥상에 빈 노트를 하나 두기 하지만, 아무래도 제본이 되어 있는 노트는 펼치는 순간 뭔가 쓸모 있는 것을, 그것도 차례대로 써야 한다는 압박감이 들어서 잘 쓰지 않게 된다. 작업 과정에서 메모가 절대적인 비중을 차지한다는 한 디자이너는 '한쪽이 묶인 노트'에는 도저히 안심하고 메모를 할 수 없으며 오직 종잇조각(포스트잇, 냅킨 뒷면 등)에만 메모를 한다고 밝히기도 했다.*

아무래도 내가 인쇄물, 그것도 '여백'에 집중하게 된 계기는 이처럼 시도 때도 없는 낙서를 좋아하는 사람이기 때문일 텐데, 책은 신문이나 잡지 등 다른 인쇄매체에 비하자면 비교적 여백이 있는 편이다. 물론 책에도 다양한 판형과 디자인이 존재하지만, 만약 책을 가장 효율적으로 만든다면 글자가 있는 부분만 필요하지 그 바깥의 여백은 필요가 없을 것이다. (실제로 이런 여백을 최소화해 경제적인 판형으로 만든 책들도 다수 존재한다.)

---

* 사토 오오키, 《넨도nendo의 문제해결연구소》, 정영희 옮김, 컴인, 2017, 77쪽.

또한 책에는 서문에 들어가기 전에 몇 쪽, 혹은 마지막 부분의 몇 쪽 정도가 비어 있는 경우도 있다. 카페 등 밖에서 책을 읽는데 깜빡하고 메모지를 두고 왔을 때면 몇 번쯤 그 빈 면을 찢어서 낙서를 한 적도 있다. 그런데 이런 <u>책 속 여백</u>은 과연 관습적인 것에 불과할까?

통상 두루마리에서 현대의 책과 같이 낱장을 묶어 표지로 감싸는 제본 형태인 코덱스codex로의 진화는 출판업자나 산업의 차원에서 주목받아왔는데, 두 가지 측면에서 독자에게도 큰 혁신이었다. 첫째, 무언가 끄적일 만한 공간이 생기기 시작했다는 점. 둘째, 이동성 차원에서 대대적인 개선이 일어났다는 점이다.

《박물지》를 쓴 고대 로마의 가이우스 플리니우스 세쿤두스(대 플리니우스)가 살았던 서기 1세기 무렵에는 코덱스라는 것이 존재하지 않았다. 당시 그의 서재에는 두루마리들이 선반에 쌓여 있었고, 그는 집필을 위해 무언가를 메모할 때 다른 사람이 소리 내어 책을 읽게 하는 특이한 방식으로 일했다. 두루마리를 읽으면서는 '동시에' 발췌하고 거기에 메모를 남기는 일이 거의 불가능했기 때문에 글을 읽어주는 사람을 고용한 것이다. 두루마리를 읽어가다가 참신한 생각이 떠오르면 그는 서판을 들고 철침으로 필기를 했고 그동안 글 읽는 사람이 소리 내어 나머지 부분을 읽어주었다.* 양장본이 등장하기 시작하면서야 사람들은 무언가를 읽으면서 동시에 간편하게 책의 빈 여백에 표시를 하고 메모를 남길 수가 있게 되었다.

한편, 과거 두루마리를 들고 다니며 읽는 것은 거의 불가능했기 때문에 사람들은 대부분 '문서가 있는 곳에서만' 글을 읽을 수 있었다. 코덱스의 발명으로 사람들은 비로소 책을 "가는 어디든 …… 가지고 다니면서 …… 한 손으로도 들 수"(마르티알리스)** 있게 되었다.

이 두 장점은 독서 경험의 혁신이었다. 이제 사람들은 어디서든 남의 흥미로운 수다가 든 뭉치―'읽을거리'―를 들고 다니면서(이동성) 낙서도 자유롭게(끄적임) 할 수 있게 된 것이다. 물론 낙서 자리가 항상 넉넉하지는 않았지만 충분한 낙서 자리를 마련해두기 위해 아예 빈 종이를 여러 장 끼우는 형태로 발간되는 경우도 있었다.

---

*   라이오넬 카슨, 《고대 도서관의 역사》, 김양진·이희영 옮김, 르네상스, 2003, 280쪽.
** 같은 책, 226쪽.

H. J. 잭슨은 《마지네일리아 Marginalia》에서 16세기부터 20세기에 이르기까지 책의 '여백'에 적힌 내용(낙서, 혹은 주석들)에 주목했다. 오늘날 대부분의 도서관은 "책에 낙서를 하는 것을 엄금"하지만, 잭슨이 연구를 위해 찾은 서고 속 대부분의 귀중 서적들에는 많은 낙서가 있었다. 주석이야말로 그 책에 가치를 부여하는 것, 혹은 당시 다양한 독서 공중에게 그 책이 어떤 방식으로 받아들여졌는지를 알게 해주는(두 명 이상의 각주가 한 책에 공존하는 경우도 많았다) 풍요로운 텍스트였다.

책의 여백에 간결하게 구겨져 적혀 있는 텍스트들이야말로 그 책에 대해 가장 풍요로운 것들을 제공해준다고 할 수 있는데, 왜냐면 그것이 책을 읽은 바로 '직후(혹은 도중)의 순간'에 쓰였기 때문이다. 낙서를 이어간 독자이자 주석자들에게는 책으로부터 멀어지기 위한 충분한 시간이 없었다.

나는 낙서를 굉장히 좋아하지만, 아니 낙서가 없다면 대체로 무엇이든 읽어가지 못할 정도로 집중력이 좋지 않지만, 대체로 작업을 위한 현실적인 이유에서 그리고 충분히 여백을 확보하고 싶다는 이유에서 대부분의 메모를 컴퓨터 앱에 쓴다. 하지만 그 이전 단계의 실마리 낙서들은 항상 존재하는데, 나는 이 단계에서 너무 힘을 빼지 않으려고 최대한 간결한 암호처럼 낙서를 한다. 밑줄도 잘 남기지 않는 편인데, 밑줄을 치는 순간 무언가 책에 자취를 남겼다는 착각에 빠져 나중에 메모를 할 때 그 대목을 대강 밑줄 친 부분만 보고 넘길 가능성이 있기 때문이다. 그래서 나는 책장 모서리를 강아지귀처럼 작게 접어두거나 포스트잇에 간략히 적는 방식으로 표시해두고, 책이 아닌 아무 데나 낙서를 해둔 뒤 그것을 나중에 길게 풀어 정리하며 컴퓨터로 옮긴다.

얼핏 보기에 이는 책에 곧장 무언가를 적는 주석자들과 크게 차이가 있는 방식처럼 보일 수 있지만, 쓰는 사람 입장에서 본질적인 차이는 없다. 내가 생각하는 메모-낙서의 본질은 그것이 떠오른 순간 열기가 남아 있는 동안에 이어 적는다는 것뿐이기 때문이다.

따라서 나는 절대로 두 권 이상의 메모를 한 번에 하지 않는다. 나중에 그 두 책을 엮을지언정 한 책의 구절에서 무언가 낙서를 하고 싶은 것이 촉발된다면 반드시 그 순간에 적는다. 그 '순간'이 하루가 걸리든 이틀이 걸리든 말이다.

컴퓨터에 적는 메모의 장점이라면 '주석의 길이'가 얼마든지 늘어나도 무방하다는 것이다. 길이가 늘어날수록 그 사람의 '기세'를 짐작게 할 뿐이다. 만약 책에 직접 메모를 한다면 나의 메모는 반드시 책의 구석에 깨알같이 적혀

야겠지만, 컴퓨터에 옮겨 적는다면 책 속 구절의 분량보다도 메모의 분량이 얼마든지 늘어날 수 있다. 물론 분량이 길고 짧고는 그다지 중요한 문제는 아니지만, 한 구절이 촉발하는 생각들이 많을 때 컴퓨터로 적는 메도는 분량에 개의치 않고 그 구절에 충분히 머무르며 딴생각을 할 수 있게 해준다.

단 한 가지 아쉬운 점이 있다면, 책에 직접 쓰는 주석과는 달리 나의 컴퓨터 메모는 단지 '나'만을 독자로 한다는 점이다. 다시 말해 다음에 올 다른 독자에게 어떠한 신호도 남기지 못한다. 오늘날 독서 메모는 굿리즈Goodreads나 아마존 등 온라인의 서평, 리뷰란으로 옮겨갔다. 하지만 이는 아쉬움을 남기는데, 주석과 달리 리뷰어들은 자신이 책을 읽었다고 말하기 위해 보편적이고 총체적인 요약을 시도할 뿐만 아니라 책의 '구석구석'에 충분히 편향적으로 뛰어들지도, 또 충분히 머무르지도 않는 경향이 있기 때문이다. 주석자들이 대체로 책의 군데군데서 한껏 흥분한 채로 날뛰는 것에 반하여 말이다. (예를 들면 다음과 같은 낙서들이 있다. '!' '뭔 개소리야?' 'ㅋㅋㅋ')

뉴스레터를 발행하며 아무래도 다양한 책을 다루는 서평을 쓰다보니 대체로 도서관에서 책을 빌려보는 경우가 많았다. 도서관 책들에는 "낙서하지 마세요"라는 당부에도 불구하고 꽤 많은 소심하거나 대범한 자국들이 남겨져 있다. 나는 자주 그런 자국들에 불쾌감을 느끼기도 했으나 엄밀히 말하면 그것이 책과 어우러지지 못하고 '무신경하게' 남겨져 있었기 때문이지 다른 사람이 나의 독서에 침입했다고 느꼈기 때문은 아니었다. 예를 들면 1년에 대출 횟수가 한 번이나 될까 말까 한 보존 서고의 철학서적, 하지만 충분히 독특한 방식으로 매력적인 책에 온통 볼펜으로 교정부호들을 적어둔 낙서는 다소 강박적이라는 점 외에는 전혀 마음에 들지 않았다. 이 흥미로운 책을 읽으면서 오탈자나 비문에만 관심이 쏠려 있는 독자라니.

반면, 사려 깊게 다음 독자를 생각하는 종류의 주석들을 만나거나 그 순간에 완벽하게 빠져들어 그 책을 읽은 이의 자국이 보일 때면, 나는 오로지 나만 보기 위해 구입한 배타적인 새 책을 볼 때는 느낄 수 없는 큰 감동을 느끼기도 한다.

예를 들어, 나는 과거 데이비드 그레이버의 《불쉿 잡》을 급하게 참고하기 위해 도서관에서 빌렸는데(집에 이미 잔뜩 표기를 해둔 책이 있었지만 레터를 쓰기 위해 당장 그 책이 필요했다), 도서관에서 빌린 《불쉿 잡》에는 아주 연한 연필 글씨로 "내 직업은 사라져도 괜찮을까? OK"라고 적혀 있었다. 그 메모가 적힌 대목은 그레이버가 자신의 직장에서 너무나도 가치 없는 일을 한 탓에 PTSD가 올 지경인 직장인들을 인터뷰한 대목이었다. 나는 그 메모와 메모가 적힌 페이지의 내용까지 너무 절묘하다는 생각이 들어 사진으로 찍어 뉴스레터에 삽입했다. 그 낙서만큼이나 이 책의 국경을 초월한 동시대성을 잘 드러내주는 자국이 있을까?

언젠가 대출해서 읽은 한 과학기술학 책에는 포스트잇이 붙어 있었는데 이 책과 함께 읽으면 좋을 만한 책들을 앞선 대출자가 적어둔 것이었다. 자신이 읽기 위한 목록이었을지도 모르겠지만, 그가 깜빡하고 포스트잇을 떼지 않은 덕분에 다른 책을 아주 흥미롭게 읽을 수 있었다. 대출자들은 자신이 빌린 또 다른 책의 대출확인증을 종종 책갈피 대신으로 쓰기도 하는데, 거기에서도 다음에 읽을 만한 흥미로운 책들을 소개받곤 한다. (온라인 서점에서 '이 책을 읽은 분이 이 책도 읽었어요' 하고 알려주는 서비스의 오프라인 버전이라고 할 만하다.)

낙서가 되어 있지 않은 것조차도 하나의 표지가 될 수 있다. 앤서니 스토의 《고독의 위로》를 빌려 읽었을 때는 일부 장들이 검은 볼펜으로 거의 다 밑줄이 그어져 있었다. 절판된 책이라 어쩔 수 없이 그 무신경하고 삐뚤빼뚤한 검은 볼펜 밑줄과 함께 책장을 넘겨가기 시작했는데, 나중에 거의 다 읽어갈 때쯤 밑줄의 패턴을 정확히 알 수 있게 되었다. 그 뻔뻔한 독자는 유독 이 책에서 '고독과 천재성의 관계'를 서술한 대목에만 밑줄을 박박 그었던 것이다! 역사에 남은 위인들이 고독의 순간 얼마나 고통스럽게 투쟁하고 그것을 극복해내기 위해 노력했는지, 그 고독의 참담하고도 어두운 부분을 서술하는 데서는 단 한 군데도 밑줄을 치지 않았다. 이런 밑줄은 예상치 못한 방식으로 도움이 되었는데, 만약 그 밑줄이 너무 뻔하게 유치해 보이지 않았다면 나도 같은 대목을 메모했을지도 모르기 때문이다. (조금 더 세월이 흘러 앤서니 스토가 쇼펜하우어 같은 입지를 갖게 된다면 그 독자가 밑줄을 그어둔 부분을 바탕으로 '고독의 위로 초역' 자기계발서 같은 것이 나올지도 모르겠다.) 나의 그림자 독자이기도 했던 까만 볼펜을 든 미지의 독자는 내가 그 책을 자기 위로성으로 읽지 않도록 반면교사 역할을 해주었다.

낙서는 아니지만 얌전하게나마 자국을 남겨놓는 이들도 있다. 책장을 넘기다가 접혔던 자국이 느껴지면 나는 그것이 안쪽으로 접혔던 것인지 바깥쪽으로 접혔던 것인지를 느끼기 위해 한번 조심히 다시 접어본다. 그리고 그가 어디서 멈춰 섰었는지 알아보기 위해 접히는 방향의 페이지를 한 번 더 읽어본다. 어떤 페이지에는 여러 번 접힌 자국이 남아 있기도 하다. 나는 그런 자국들에 때로 공감하기도 하지만, 유독 많은 페이지에 접힌 자국이 남아 있는 책에서

뻣뻣한 페이지에 머무르게 될 때면 미답지에 도달한 도전자가 된 기분을 느끼기도 한다.

　메모, 낙서, 접기 등 책장의 여백에 남은 모든 종류의 자국은 읽는 사람의 순전한 그 순간의 동요, 벅차오름을 드러낸다. 그리고 무언가 새로운 텍스트가 열리는 순간을 펼쳐낸다. 나는 메모를 하기 위해 책을 읽는다. 다르게 말하면, 메모를 할 수 없다면 책을 읽지 않는다. 내가 좋아하는 책은 메모를 하기 위해 멈추고 싶어지는 책들이다.

　온라인 텍스트들을 읽으면서 우리는 댓글창에 무엇이든 쓸 수 있게 되었다. 만약 과거의 주석자들이 오늘날을 살아간다면 인터넷에 올라온 많은 텍스트들에 댓글을 달 것이다. 그리고 그것을 전 세계 사람들과 공유할 수도 있을 것이다. 실제로 나는 간혹 어떤 기사의 댓글에서 더 큰 도움을 얻곤 한다. 현명하고 다양한 의견의 댓글들은 때때로 어떤 글의 편향성을 지적하고, 필자가 당연하게 간과한 맹점을 찔러 들어가 지적한다. 결과적으로 댓글을 통해 '본문'은 더 풍요로워진다.

　하지만 이런 온라인 댓글에서 아쉬움을 느끼는 지점도

없지 않은데, 그것이 지나치게 공개적이고 그 이유로 직설적으로 누군가에게 영향을 끼치고 싶어 한다는 것이다. (만약 과거에도 온라인 플랫폼이 있었다면 작가에게 싸움을 걸고 싶어 하는 많은 독자가 제대로 읽지도 않은 채 단지 싸움을 걸기 위한 목적으로 글을 적었을 것이다.) 또한 이 이유로 많은 이가 글을 천천히 읽기보다 당장 무언가 한마디 내뱉는 데 정신이 팔려 있다. 반면 책 속의 낙서는 자신의 장서이면 당연히 그렇겠지만, 도서관 책의 경우에도 누군가에게 영향을 미칠 것이라는 생각은 별로 하지 않는다. 그들의 양심이 길게 무언가를 적는 것을 삼가게 하므로, 오히려 도서관 책들에 적힌 메모는 시적이고 간결하기도 하다.

나는 조금 더 은밀한 곳에서, 홀로 오랫동안 앉아 글을 읽는 사람들이 가슴에 어떤 감정이 차올라 더 이상 참을 수 없을 지경이 되었을 때 그 감정이 터져나와 익명으로 남기고야 마는 '순간'의 자국들을 살펴보고 싶다. 그리고 나도 성실하게 그런 낙서를 적고 그것들을 기반으로 조용하게 어떤 글을 이어가고 싶다. 이를 위해서는 오늘날에도 여전히 어떤 종류의 적극적인 여백(-메우기)은 존재해야 할지 모른다.

13. 메모를 하는 어중간한 포즈

메모를 하는 그 '어중간한', '어색한' 순간의 이야기를 이어가고 싶다. 굳이 무언가를 남기기 위해 풍경에서 한 발 벗어나 어중간하게 머무르는 사람들의 어색한 뒷모습에 대한 것 말이다.

어떤 풍경을 충분히 기억에 남게 하는 데는 얼마큼의 시간이 필요할까?

기록장치가 발명되기 전에 어떤 압도적인 풍경을 만난 이들은 그저 바라보는 것밖에는 간직하기 위한 별다른 방법이 없었다. 최대한 오랫동안 '머무른 채' 바라보고, 자신이 본 것을 다른 이들에게 실감 나고 생생한 말로 전달하는 게 최선이었을 것이다. 하지만 자신의 경험이 아무리 인상적이었더라도 그 순간에 그를 압도했던 크고 작은 그 모든 세부 사항들, 분위기, 냄새, 얼굴, 말들은 빠른 속도로 흐린 안개 속으로 영영 사라지고 말았을 것이다.

조금 더 오래 간직하고 또 조금 더 멀리 전달할 수 있는 한 가지 방법이 있긴 했다. 붓과 종이로 그 풍경, 상황을 그리거나 글로 묘사하는 것이다. 그렇게 적어둔 종이는 인쇄되고 전파되어 당대의 수많은 사람들뿐 아니라, 수백 년 후의 사람들에게도 생생하게 그 순간의 정취를 전달해주었다.

여기서 '써서 남긴다'는 일의 대단함을 다시 반복할 필요는 없을 것이다. 다만 나는 메모를 하는 그 '어중간한', '어색한' 순간의 이야기를 이어가고 싶다. 굳이 무언가를 남기기 위해 풍경에서 한 발 벗어나 어중간하게 머무르는 사람들의 어색한 뒷모습에 대한 것 말이다.

18세기 영국의 화가 리처드 호가스는 1732년 에비네저 포레스트, 새뮤얼 스콧 등 네 명의 일행과 함께 템즈강과 메드웨이강 어귀를 따라 5일간 '호가스 투어'를 떠났다. 호가스는 투어 도중의 어느 아침 풍경을 화폭에 옮긴다. 간소하면서도 역동적인 필치로 그려진 이 소박한 그림의 가장 좌측 상단에는 벽에 매달린 손바닥만 한 작은 거울을 쳐다보며 면도를 하는 남성의 뒷모습이 보이고, 그림의 중앙에는 한 사람이 앉은 채 다른 서 있는 곱슬머리 남자로부터 고개를 위로 치켜올려 면도를 받고 있고, 오른편 위로는 빨랫줄에 널린 천 조각 하나와 그 아래로 모자를 쓴 채 한쪽 발을 올리고 무언가를 끄적이는 이와 스푼으로 아침밥을 떠먹는 남성이 보인다.

그런데 이 그림에서 가장 주목할 만한 인물은 이 모든 광경 아래 마치 전경에서 외톨이로 벗어난 듯 보이는 한 남성이다. 그는 이 활기차면서도 고요한 일상적인 장면에서 유일하게 거의 완전히 뒷모습으로 그려졌으며 밝은 아침 햇볕이 오직 그만 비켜 간 듯 주변으로 어두운 그림자를 드리우고 있다. 어색하고 불편하게 웅크린 자세로 의자에 걸터앉은 그는 이 모든 풍경을 '그림으로 옮기고' 있다. 호가스가 그린 이 그림은 약 300년 뒤에도 그날의 고즈넉한 아침 시간을 전해주는 유일한 증인으로 남았다.

조선 전기의 유학자 남곤이 어느 날 뱃놀이를 하며 그 풍경을 상세하게 적은 글《유백사정기》는 오늘날까지 전해진다. 그의 글을 읽어 내려가다보면 그 장엄함과 흥취가 생생하게 느껴진다. 그런데 나는 이 유려하고 섬세한 기행문을 읽어 내려가는 내내 이렇게 다들 황홀하게 술과 풍경의 흥취에 젖어 흥성이고 있는 와중 혼자서 어색하게 먹과 종이를 앞에 두고 글자를 적어 내려가는 한 선비의 소매 걷은 어색한 뒷모습을 상상했다.

그는 아마도 그 배에 탄 인원 중 유일하게 술을 마시지 않았을 것이며, 놀이의 현장 중앙에 있으면서도 '관찰자/기록자'의 직분을 맡아 시중드는 하인처럼 고개를 숙이고 거기에 온전히 참여하지 못했을 것이다.

글이라는 것은 천지 사이에서 영원히 썩지 않는 물건이다. 옛날부터 고고하고 이름난 선비들 가운데 강산의 승경을 즐기며 술잔을 주고받은 이가 얼마나 되는지 알 수 없을 정도이지만, 오직 왕희지王羲之가 회계會稽의 산음山陰에서 계회禊會를 열었던 일과 …… 소동파가 적벽강赤壁江에서 뱃놀이한 일만 지금껏 사람들이 너도나도 어제 일처럼 또렷하게 말할 수 있다. 다름이 아니라 글을 남겼기 때문이다. ……

비록 그렇지만 이름이라는 것은 실상의 손님이니, 실상이 없으면 이름이 성립하지 않는다. 글이라는 것은 이름의 찌꺼기에 불과하니, 글에 의지하여 영원히 전하기를 도모하는 것도 말단적인 일이다. 실상이란 무엇인가. …… 천하 후세가 알아주기를 바라지 않더라도 천하 후세가 저절로 알아주지 않을 수 없는 것이 바로 실상이다. 그렇다면 우리 선비들 또한 실상에 힘쓰지 않을 수 있겠는가.

연강현에 도착한 날, 숙간과 청로가 모두 나에게 기문을 쓰라고 권하기에 사양하지 못하고 대략 이상과 같이 적는다.*

---

* 남곤, 〈백사정에서 노닐다〉, 권근 외, 《한국 산문선 2》,
   이종묵·장유승 편역, 민음사, 2017, 257~258쪽.

그의 말마따나, 그가 겪은 어색함의 순간 덕분에 그날의 흥취는 그날 함께했던 이들이 모두 죽고 난 뒤에도 수백 년을 넘어 내게서 재생되었다. 그리고 아마도 그의 글을 읽고 감동을 느끼고 이를 보존하고 후세에 알려야겠다고 결심한 독자들이 존재하는 한 이 글은 앞으로 이를 인용한 나와 내가 쓰고 있는 이 책보다도 더 길게 살아남을 것이다. 수백 년을 지나도 잃지 않은 문장의 힘 때문이다.

오늘날에는 거의 실시간으로 무엇이든 찍어서 보관할 수 있는 사진기가 있다. 그렇다면 우리는 이제 '어중간한' 포즈에서 벗어날 수 있는 것일까? 과연 우리는 모든 것을 순간적으로 포착하고 누리는 동시에 기억할 수 있게 되었을까? 그 사이엔 어떠한 어색함도 끼어들 틈이 없을까?

《찍지 못한 순간에 관하여》는 독특한 콘셉트의 책이다. 62명의 사진작가들이 사진을 찍는 순간이 아니라 사진을 찍지 못한 순간에 대해 이야기하는 내용이다. 이 책이 흥미로운 이유는 이들이 사진을 찍지 '못했기' 때문이기도 하지만, 그 순간에 사진을 찍지 '않기로' 결정했다는 데도 있다. 실은 후자가 대부분이다.

어째서 사진을 찍어 남기는 것이 직업이자 본분인 사진작가들마저도 '어떤 순간'에는 그저 그 순간에 몰입하고 머무르기를 택했는가?

그것은 바로 찍으려는 포즈, 그 자체만으로도 우리의 삶이 "1/125초 동안" 사라지기 때문이다. 기자들 역시 어떤 순간에는 작은 메모지를 호주머니에 감추고 뒷짐을 진 채로 상대의 눈을 맞춰야 할 때가 있다. (하지만 오늘날 많은 기자는 '시간이 없다'는 이유로 노트북을 앞에 두고 타이핑하며 인터뷰이의 이야기를 듣기도 한다. 이야기를 '들으면서' 기사를 '곧장' 송고해야 하기 때문이다.) 사람들이 자신의 눈앞에 있는 사람이 딴짓하는 것을 견디지 못하듯 삶도 질투한다.

우리는 항상 최고의 순간에 두 개의 자아로 찢어져 갈등한다. 이 순간을 온전히 행동하는, 살아가는 인간으로서 즐기고 싶다는 마음을 가진 자아, 그리고 이 순간을 남기고 싶다는 마음을 가진 자아로 말이다. 메모를 하려는 이들, 순간에 주목하려는 이들은 이 두 마음 가운데 끊임없이 흔들린다.

이는 단지 마음껏 다이빙을 하기 위해서는 손에 카메라나 수첩이 없어야 하기 때문만은 아니다. 물속으로 다이빙을 하지 않더라도, 단지 '물가를 충분히 바라보기 위해서'도 나의 몸조차 지워진 것처럼 관찰을 지속해야 한다. 한 사진작가는 1990년대 중반 영국의 쇠락한 공업도시 벨파스트에서 한 남성의 사진을 '찍지 않기로' 결심한다. 그의 목에는 카메라가 걸려 있었고 때마침 배경부터 걸어오는 구도, 인물의 옷차림, 발걸음 등 모든 것이 완벽하게 준비가 되어 있는 것처럼 보였음에도 불구하고 말이다.

바디캠과 AI글래스가 있다면 다르지 않을까? 우리가 번거로운 기술의 중개를 통해 기록하고 있다는 사실을 완전히 잊고 어색한 포즈 없이, 태연하고 자연스럽게 활동할 수 있는 것처럼 보이게 할 수 있는 장치라면 이야기가 달라지지 않을까?

마이크 엘건은 2024년 스마트 안경과 AI챗봇을 결합한 모델을 선보인, 오픈AI와 구글의 새로운 기술 데모 영상과 관련된 리뷰에서 말한다. "그녀가 그 안경(프로토타입 AI)을 쓴 순간부터 상호작용은 완전히 자연스러워졌다. 스마트폰을 어색하게 들고 물건을 겨누는 대신, 그것을 그저 바라보았을 뿐이다."* (강조는 저자)

하지만 이 비효율적인 장치들은 '모든 걸 죄다 저장'하기 때문에 시간 순서대로 밀려나 반드시 어느 순간에는 과

---

* Mike Elgan, "AI glasses+multimodal AI=a massive new industry", *COMPUTERWORLD*, 2024.5.20.

거의 기록이 지워진다. 만약 우리가 무언가를 제대로 기억하려고 한다면 여전히 카메라를 집어 들 때와 마찬가지로 그 순간을 기록해야 한다는 의식을 해야 한다. 그리고 그것이 각별하게 잘 찍힐 수 있도록 여전히 시선을 겨누어야 할 것이다. 그리고 그 순간에 의미를 부여하고 아카이빙해야 한다.

이러한 어색한 포즈, 겉돌기, 프리징freezing은 관찰하고 기록-기억하는 자의 어쩔 수 없는 숙명이다. 그는 현재에 머무르면서도 동시에 미래에 먼저 한 발 걸친 채 존재한다. 미래에서 바라볼 과거로서의 현재를 바라본다. 그의 시간축은 대체로 어디에도 속하지 못하는 방식으로 어긋나 있다.

❖

모든 것이 쓰일 가치가 있는 것은 아니다. 또한 '쓴다'고 해서 그게 무엇이든 시간을 이겨낼 수 있는 것도 아니다. 비비언 고닉의 말마따나 '삶을 살았다는 이유로 모든 사람이 칭찬받아야 하는 것은 아니다'.

그럼에도 어떤 종류의 글은 좁은 시공간을 넘어 전파되고 또 기억된다. 이를 위해서 삶에서는 어색한 포즈로 지워지는 순간이 반드시 필요하다. 최소한의.

14. SNS는 메모가 될 수 있는가?

오늘날엔 수많은 소통이 존재하지만, 이를 메모적 의미에서 바라본다면 번잡한 사교 활동이나 인간의 주의를 빼앗는 인플루언서 경제의 먼지구름에 가깝다. 자신이 쓰는 글을 어두운 방 안에서 순전한 즐거움으로 읽는 이들은 정말 드물지도 모른다.

과거 핸드폰으로 간편하게 메모할 수 있는 앱을 찾다가 트위터와 인터페이스가 거의 똑같은 메도 앱을 하나 내려받게 되었다. 트위터를 본떠 140자 이하의 단문만 쓸 수 있도록 만든 앱이었는데, 한동안 이 가짜 트윗 메모장을 열심히 쓰다가 문득 어리둥절해졌다. 왜냐면 애초에 내가 가지고 있는 유일한 트위터 계정도 팔로워가 한 자릿수라 진짜 트윗을 쓰든 가짜 트윗을 쓰든 실질적으로 거의 차이가 없었기 때문이다. 그럼에도 나는 한동안 이 앱을 꽤 애용했다. 핵심은 '만에 하나라도 외부에 노출될 가능성이 없다'는 것이 심리적 안정(안전)감을 주었다는 점이다.

"과거엔 혼자서 바보일 수 있었지만, 오늘날 SNS 시대엔 내가 바보라는 것이 전 세계에 알려질 수 있다"라는 말이 있다. 이는 SNS적 글쓰기라는 형식의 특징을 가장 단적으로 나타내준다. SNS는 개인의 사적인 이야기를 늘어놓을 수 있는 자유로운 공간인 동시에, 가장 비밀스럽지 않은 공간이다. 후자의 특성은 필연적으로 전자에 영향을 미칠 수밖에 없는데, 아무리 쓰는 순간의 내가 사적인 공간과 맥락에 존재한다고 하더라도(예를 들면 기념일에 가족과 오붓하게 와인잔을 기울이고 있는 도중이라든지, 강아지와 산책을 하는 중이라든지), 가능성 차원에서는 잠재적으로 타임스퀘어 전광판을 전세 내거나 전 세계인을 상대로 한 뉴스 방송 출연 대기실에 놓여 있는 것이나 마찬가지이기 때문이다. 이런 상황은 사실 잠재적 위험 그 자체보다도, 그 위험성이 만들어내는 메시지의 왜곡이 더 문제적이다. 단순하게 말해, 누군가가 본다고 생각하면 정말로 솔직한 글을 쓰기 어렵다.

오늘날의 SNS는 진솔함이나 편안한 연결성을 핵심으로 내세우지만, 대체로 진부한 방식으로 조정된 진실성의 포즈를 보여줄 뿐이다. SNS에 올라오는 글들은 대체로 출간되는 책에 비해서도 더 진부한 경우가 많은데, 이는 지나치게 많은 사람들이 맥락을 떼어 즉각적으로 반응할 수 있다는 가능성 때문이다. 반면 책은 SNS에 비해서 접근성이 낮고, 읽는 데 드는 수고로 인해 즉각적인 반응이 일어나기 어렵다. (심지어 어떤 책에 담긴 내용이 출간 몇 년 뒤에 논란이 되기도 한다.) 또한 SNS에서는 짧은 구절만으로도 논란이 될 수 있는 것과 달리, 책에서는 자신의 주장을 전개할 수 있는 충분한 지대를 얻을 수 있기에 상대적으로 조금 더 급진적인 주장도 내세울 수 있다.

예를 들어, '자살할 권리'를 내세웠던 장 아메리의 《자유죽음》이 조각난 채로 SNS를 떠돌았다면 과연 저자는 차분하게 그렇게 급진적인 주장의 논리를 쌓을 수 있었을까? 스무 살 연하의 연인과 관계를 가진 뒤 벗어놓은 옷을 사진으로 찍고 거기에 짧은 글을 덧붙인 아니 에르노의 이상한 글들은 SNS에 꾸준히 업로드하기에 어울리는가? 《나는 기억한다》를 쓴 조 브레이너드의 글들은 얼핏 보면 형식이나 단문 위주라는 점에서 오늘날의 트윗 같은 느낌을 주지만, 그 글들("나는 기억한다, 지하철에서의 첫 성적 경험을."* "나는 기억한다, 델리카트슨 진열창 안 얇고 납작한 판 모양의 살구 캔디를."**)이 낱개로 흩어져 SNS에 연재되어야 했다면 과연 그런 심란하고 이상한 기획이 가능했을지 의문이 든다. 비단

---

* 조 브레이너드, 《나는 기억한다》, 천지현 옮김, 모민토, 2016, 12쪽.
** 같은 책, 102쪽.

'공개적으로 말하기에 상스럽기 때문'이 아니라 '뭘 위한 메시지인지(즉, 이게 무슨 개소리인지)' 알 수 없기 때문이다. 그것은 절대의 무위이며, 본질상 무언가 쓸데 있는 일이나 사회적 친교를 위한 수단인 '실용적인' SNS에서는 불가능한 종류의 이상한 낱낱의 제멋대로인 조각들이다. 내가 책이 중요하다고 생각해온 이유 중 하나는, 책이 훌륭하고 모두가 읽을 만한 내용을 담는 그릇이라기보다도 이 같은 솔직하고 기묘한 서덜들을 아무렇게나 늘어놓을 수 있는 지대가 얼마 남지 않았기 때문이기도 하다.

세라 망구소의 《300개의 단상》은 SNS적인 진솔한 글쓰기와 진정한 메모(책이 될 수 있는) 사이의 미묘한 긴장을 잘 보여주는 책이다. 이 책은 저자가 임신 이후 긴 글을 쓸 여유를 도무지 낼 수가 없었기 때문에 자신에게 허용된 집중력과 에너지, 시간을 이용해 짬짬이 쓴 '틈새 메모'들로 이루어진 책이다. 나는 이 책을 읽는 내내 대체 이 책 속 문장들이 SNS 피드와 본질적으로 어떤 차이를 갖는지 궁금해했다. 이 글들은 아포리즘과 다르게 현재적이고, 신변잡기적이고, 어떠한 교훈도 주지 않으며, 그저 던져져 있다. 예를 들면 이런 구절이다.

네덜란드의 제방dijk은 감시자, 잠든 사람, 몽상가라는 세

단계의 명칭으로 나뉘어 배치된다. 제방이 바다에 얼마나 가까운지에 따라 붙은 이름들이다.*

책에 실린 300개의 글들은 쓸모가 명확하지 않고, 서사도 존재하지 않는, 그야말로 혼자 중얼거릴 법한 메모들이다. 하지만 이런 단상들을 쭉 읽어 내려가다보면 두 가지 생각이 드는데, 우선 이런 글들은 결코 SNS에 올라올 일이 없을 것이며(올라온다고 하더라도 거의 주목을 받지 못할 것이며) 그 이유로 나는 진솔함을 호소하는 SNS의 글보다는 차라리 이처럼 어리둥절해지는 쓸모없는 글들이 읽고 싶다는 것이다. 다시 강조하지만, 나는 이런 쓸모 적고 참신한 방식으로 이상한 글들이 책에 오랫동안 '숨어' 있다가 어느 때건 나에게 나타날 수 있기 때문에 책(the book이라기보다는 books)을 소중히 여긴다.

잠재적인 독자를 상정하고 쓰인다는 점에서 출판과 SNS는 공통점을 가지고 있다. 하지만 그 '독자'를 어떤 감각으로 상정하느냐에 따라 겉으론 비슷해 보일지라도 내용에 큰 차이가 생긴다. 그리고 내가 이런 글을 쓰는 이유는 '좋은 글'을 쓰는 꿀팁에 대해 늘어놓고자 함이 아니라, 조

---

* 세라 망구소, 《300개의 단상》, 서제인 옮김, 필로우, 2022, 63쪽.

금이라도 덜 진부한 글이 무엇인지에 대해 생각해보자고 청하기 위함이다.

진부한 글은 우선 '자신'을 독자에서 제외해놓는다. 꾸며낸 글은 남들은 속일 수 있을지언정 그것을 꾸며낸 자기 자신을 속일 수는 없는데, 여기서 중요한 건 이렇게 꾸며낸 글은 쓰는 사람이 재미가 없다는 것이다. 왜냐면 자신은 이것이 속임수라는 사실을 알고 있기 때문이다.

SNS에서 글을 쓸 때 우리는 대체로 쓸데없이 자신의 모남과 독특함, 불행, 타인이 불쾌하게 여길 만한 이야기, 혹은 자신에 대해 타인이 부정적인 인식을 가질 만한 이야기를 쓰진 않는다. SNS는 개인적이라는 그 특성에도 불구하고 사교 살롱 같은 역할을 하는데, 우리는 이곳에서 얼굴만 아는 사람에게 "상쾌한 아침인데 저는 그저께 전세사기를 당했고, 의지할 사람도 없어 당장 집 밖에 나앉게 생겼네요"라거나 "나는 사실 겉보기엔 멀쩡해 보이지만 어렸을 때 성폭행을 당했고 중학생 때부터 도벽과 가학적 충동에 시달려왔다"는 식으로 말하지 않는다.

'솔직한' 이야기를 할 수 있다는 온라인 커뮤니티는 다를까? 예를 들면 나는 과거 한 온라인 커뮤니티에서 자신을 삼십 대 미혼 남성이라고 소개한 한 익명의 유저가 '나는 애인도 없고 친한 친구도 진짜로 단 한 명도 없다. 연애를 원하는 게 아니라 이런저런 말을 나눌 진솔한 친구가 딱 한 명만 있었으면 좋겠다. 혹시 게이 앱에서 친구를 구할 수 있겠느냐(만약 성적인 스킨십이 필요하다면 '지쿨'할 용의도 있는데 어느 선 정도면 될까)'라며 올린 글을 읽었다. 게시판이 여러 '창작'으로 불타는 와중에도 이 글에는 몇 시간이 지나도록 아무런 댓글도 달리지 않았다.

우리는 온라인 커뮤니티에서도, 연인 없이 당당하고 주체적으로 살아가는 삼십 대 비혼 여성 커리어우먼의 이야기는 많이 접할 수 있지만 너무 외로운 나머지 목에 애인구함이라는 간판을 달고라도 거리에 서 있고 싶다는 이소호 시인 같은 '찌질한' 목소리(《서른다섯, 늙는 기분》)는 찾아보기 어렵다.

하지만 글을 쓰는 내가 독자에 포함된다고 생각하면? 이런저런 것 다 차치하고 이상하고 쓸모가 적지만 어딘가 내 마음을 끄는 지점, 불쾌한 지점을 붙들고 파고드는 것이 가장 흥미롭지 않은가?

디디에 에리봉의 《랭스로 되돌아가다》는 결국 자신의 오랜 콤플렉스에 대한 한 권 분량의 집요한 추적이다. 자기 자신을 알기 위해 호텔 조식으로 에그베네딕트를 먹었고 내가 누구누구를 잘 안다는 뻐김, 어떤 어려운 책을 읽었다는 재미없는 허풍만으로 시간을 채우는 사람이 있을까? 만약 그렇다면 우리가 평소 자신을 부풀리기 위해 얼마나 많은 큐레이션 꽃다발을 분주히 늘어놓으며 거품같이 시시한 글들을 써내고 있는지 돌아봐야 할 것이다. 대부분의 자서전이 평전에 비해 막대한 분량과 반복되는 절묘하고도 영광스러운 서사로 사람을 주눅 들게 만들면서도 결국은 시시하게 느껴지는 것도 비슷한 맥락이다. 자서전이 재밌기 위해서는 저자 자신이 스스로에게 숨기고 싶은 점, 스스로의 이상한 점, 모르는 점, 수상쩍은 점을 파고들어야 하는데 이런 능력을 가진 사람은 드물다.

그렇다면 자기 자신을 독자로 포함하는 글쓰기란 무엇인가? 그 핵심은 궁극적으로는 다른 독자를 상정하고 쓰이더라도, 쓰는 순간만큼은 모든 틀을 내려놓고서 오직 즉각적으로 반응하는 진언적 글쓰기다. 쓰는 순간만큼은 오직 나의 재미를 위해 쓴다. 내가 모르는 것을 솔직하게 말하고, 내가 가장 부끄러워하고 숨기고 싶은 기억을 가차 없이 꺼내 불편한 지점을 집중 공략한다. 이런 글은 '즉각적인 독자의 열렬한 반응(호응 혹은 야유)'이나 '좋아요'를 생각한다면 쓰기 어려운 글, '혼자서 바보'일 수 있는 글이다. 때로 이런 글들은 너무 엉뚱해서 '작품'으로 편입되진 못할지라도, 우리에게 더 압도되는 경험을 제공한다.

자신을 독자로 포함하는 글쓰기는 위태로운데, 이는

단순히 우리가 자신의 부끄러운 모습을 내놓아 분위기를 어색하게 만들 위험이 있다는 차원에서만은 아니다. 우리의 솔직한 의견은 때론 사회의 보편적 규율(성문법을 얘기하는 게 아니다)에 어긋나는 부분을 포함하기 마련이며, 그것을 재채기처럼 발설하는 것은 항상 위험 요소를 내포하는 일이기 때문이다. 애초에 규율은 자연스러운 인간의 욕망들을 규정하고 억누르는 방식으로 만들어지고 작동해왔다. 이런 종류의 글쓰기는 다락방이 아닌 광장적 공간, SNS에서 일어나기 어렵다.

이는 물론 나 역시 마찬가지라서, 공개를 염두에 둔 글은 어디까지나 메모들 가운데서 적절히 갈무리해 쓴다. 하지만 중요한 것은, 이런 심연이 있고 내게도 불편한 생각들이 끊임없이 피어오른다는 것을 계속 자각시켜줄 만한 '림보'가 필요하고 그것이 메모가 될 수 있다는 사실이다. 이 때문에 나는 오래전부터 메모를 반드시 가장 개인적인 공간에 할 것을 강조해왔다.

우리는 메모의 세계에서, 홀로 보되 엄밀한 정신으로 쓰이는 글들을 시도하며 솔직하고 경계 없는 방식으로 무엇에 대해서든 말하고 가지고 놀아볼 수가 있다. 성벽으로 쌓아 지키려 했던 올바름에서 벗어나 오직 쓰는-읽는 자로서의 즐거움으로 존재할 수 있다. 이는 메모-일기를 가장 내밀하면서도 동시에 문제적인 장르로 활용하는 방식이다.

공개와 비공개 사이, 나와 바깥 세계 사이…… 이런 메모들을, 설령 당장 공개할 용기는 없더라도 꾸준히 나의 어두운 부분, 모난 부분, 솔직해서 위험한 부분들을 적어나간다면 공개 여부와 상관없이 그 에너지가 나를 붙잡아 계속 흥미로운 글을 쓸 수 있게 해주는 원동력이 된다고 생각한다. 이런 글들은 때로 덜 다듬어진 채 세상에 내보내는 '용기'를 통해 공개되기도 하고, 그 자체로 논쟁적이 되기도 한다. 어떤 주장을 하지 않더라도 말이다. 아니, 오히려 주장이 없다는 것이 가장 논쟁적일 수 있다. 과거 사진작가 로버트 카파는 시위의 뻔한 구호들에 지루해진 나머지 "고철을 달라 Scrap iron! Scrap iron!"고 외쳤고, 어느샌가 주변 사람들도 다 같이 "고철을 달라"고 외치기 시작했다.

오늘날엔 수많은 소통이 존재하지만, 이를 메모적 의미에서 바라본다면 번잡한 사교 활동이나 인간의 주의를 빼앗는 인플루언서 경제의 먼지구름에 가깝다. 자신이 쓰는 글을 어두운 방 안에서 순전한 즐거움으로 읽는 이들은 정말 드물지도 모른다.

15. 어찌 됐든, 무엇이든 계속 써간다는 것:
책이 되지 않는 메모들에 대하여

우리는 그저 어찌 됐든 간에 계속 메모를 쓰다가 죽게 되는 것이 아닐까? 삶과 죽음 사이에는 단지 수많은 메모 더미들만이 존재하는 게 아닐까?

　레오나르도 다빈치는 그의 수많은 업적, 다방면의 관심사와 뛰어난 천재성으로도 유명하지만 막대한 양의 메모로도 유명하다.

　그는 밀라노에 도착한 직후인 1480년 무렵(37세)부터 죽을 때까지 약 30년간 중단 없이 거의 매일같이 강박적으로 수많은 주제에 대한 메모(글, 스케치 등)를 남겼는데, 그 가운데 오늘날까지 남은 메모의 분량만 해도 구려 7200쪽에 달한다.

　전기 작가 월터 아이작슨이 쓴 《레오나르도 다빈치》는 다빈치라는 인물에 대한 전기이기도 하지만 동시에 다빈치의 막대한 메모와 그것이 드러내는 일생 끊이지 않은 호기심과 멈추지 않았던 새로운 시도들에 대한 예찬이기도 하다. 아이작슨은 실제로 자신이 다빈치에 대해 긴 전기를 쓰게 된 계기에 대해 "레오나르도의 걸작이 아니라 그의 노트" 때문이었다고 말한다.* 다빈치의 메모 뭉치에는 "수학 계산, 그의 악동 같은 동성 애인, 새, 비행 기기, 연극용 소품, 물의 소용돌이, 혈관, 기괴한 얼굴들, 천사, 사이펀, 식물 줄기, 톱으로 자른 두개골의 스케치와 화가를 위한 조언, 눈과 광학에 관한 메모, 전쟁 무기, 우화, 수수께끼, 그림에 관한 연구 등이 뒤섞여" 있었다.**

이 메모들 가운데 일부는 편집자들에 의해 다양한 버전으로 엮여 대중에게도 알려졌는데, 그중 국내에는 독일의 미술사학자 장 폴 리히터가 미술론, 문학론과 관련된 메모들을 엮어 1883년에 편찬한 꽤 두툼한 판본의 번역본 《레오나르도 다 빈치 노트북》)이 소개되었다. 이 책에 실린 것 역시 그가 평생 써온 약 7200쪽 분량의 메모들 가운데 일부에 불과하지만, 나는 종종 손이 가는 대로 그의 메모들을 읽어가면서 그 치밀한 호기심과 엉뚱한 열정, 솔직함 등

---

*   월터 아이작슨, 《레오나르도 다빈치》, 신봉아 옮김, 아르테, 2019, 21쪽.
** 같은 책, 22쪽.

에 여러 번 감탄했다.

내게 흥미롭게 다가온 지점은 두 가지였다. 먼저 그가 이렇게 막대한 양의 메모를 수십 년간 빼곡하게 적었으면서도 생전에 단 한 권도 그것들을 출간하지 않았다는 점이었고 어쩌면 그 '미출간' 자체가 그의 메모의 본질일 수 있다는 점, 그리고 메모들 가운데 개인의 소소한 생활에 대한 내용은 거의 없다시피 하다는 점이었다. 즉, 그의 메모는 지극히 '외향적'이다.

우선 그의 생전 한 권의 '책'으로 완성되어 출간되지 못한 메모들에 대해서 더 얘기해보자.

레오나르도 다빈치가 밀라노에 정착한 뒤 활동하던 시기는 인쇄술의 태동기였다. 당시에도 여전히 책을 구하긴 어려운 편이었지만 책의 편찬 및 유통이 '그렇게까지' 어려운 일은 아니었고, 그는 당대에 이미 명망을 떨친 유력자였다. 메모의 분량 및 뛰어난 이론, 스케치 등을 감안할 때 그가 출간하려 의도만 했다면 얼마든 책으로 엮을 수 있었을 것이라고 예측 가능하다. 사후 그의 메모를 엮은 책들이 다수 출간되었다는 점을 고려하면 더욱 그렇다.

실제로 다빈치는 생전에 아주 출간을 염두에 두지 않았던 건 아닌 것처럼 보인다. 1966년 마드리드 스페인 도서관에서 발견된 그의 메모 중 《코덱스 마드리드》는 1권과

2권으로 나뉘어 있었는데, 1권은 다른 코덱스를 가지런하게 베껴 쓴 것으로 정교한 소묘와 문장이 실려 있었고, 2권은 잡다한 내용이 담긴, 다른 상당수의 메모와 같은 형식의 메모였다. 즉, 《코덱스 마드리드》 1권의 존재는 어느 정도 생전에 그가 외부 발행, 출간 등을 염두에 두고 있었음을 짐작하게 한다.

다만 그의 막연한 의도는 실행으로 옮겨지지 않았고, 그는 그렇게 수많은 번뜩이는 메모를 하고서 그것을 단지 '메모 뭉치'로 남겨둔 채 세상을 뜨게 되었다.

그런데 과연 이는 아슬아슬하게 가능성이 실현되지 못한, 안타까운 일일까?

직접 다빈치의 메모를 읽어가다보면 어쩌면 이 메모는 (설령 본인이 명성 등의 이유로 출간을 조금은 고려했을지라도) 대체로 '책'이라는 진부한 매체와 분류, 명백한 한계가 담아내지 못하는 가장 생생하고 이상한 것들의 모음이 아닐까 하는 생각이 든다.

다빈치는 메모들을 서로 구조화하여 연결시키지 않았고, 각각의 페이지 안에서 이야기를 끝냈다. 어떤 것에 대한 관찰과 상념이 가장 생생할 때, 가장 솔직하고 직설적인 이야기만을 꺼내놓았다. 게다가 그가 다루는 내용은 우화부터 거중기의 구조에 대한 이야기, 어느 날 그림을 그리기 위해 태풍의 풍경을 면밀히 관찰한 내용, 다른 화가의 그림에 대한 비평 등까지 너무도 다양하기 때문에 하나로 엮이기도 어려워 보인다.

무엇보다도 그는 '두 눈'으로 직접 보는 것을 선호하는 이였고, 그럴듯한 이론보다도 자신의 감정과 경험을 더 중요시하는 인물이었다. 그는 아름답고 화려한 옛 그림에서 보다도 시장통의 북적임, 종소리, 동굴 속 얼룩에서 직접적으로 영감을 길어낼 줄 아는 사람이었다.

> 특별히 쓸 만하거나 즐거운 주제를 찾을 수 없음을 알고서 …… 나는 마지막으로 시장에 나온 가난한 사람처럼 행동해야 했다. 나는 별 도리 없이 다른 사람이 이미 보고 지나쳤거나 가치가 없어 잘 팔리지 않은 것을 취하겠다. 그래서 초라한 내 자루에 그런 시시하고 버림받은 상품이나 담고, 큰 도시가 아닌 가난한 마을을 돌아다니며 내 물건의 가치에 걸맞은 값을 받고 나눠줄 것이다.*

또한 방대한 양의 메모 안에선 때로 상반되어 보이는 아이디어가 부딪기도 하지만 직접 메모의 아카이브를 읽어

---

* 레오나르도 다빈치, 《레오나르도 다 빈치 노트북》, 27쪽.

내려가는 사람들은 그의 의도를 오해하지 않을 것이다. 그 말을 적는 '순간'에 그는 실제로 그런 생각을 했을 것이며, 한 사람이 때에 따라 정반대의 의견을 가지는 것도 지극히 자연스러운 일이기 때문이다.

그는 때때로 작업을 하기 이전 단계로 밑그림 같은 상세한 메모를 적어나가기도 했는데, 이는 그 자체로 관찰하기, 구현하기의 과정이기도 했다. 그는 메모를 하며 충분히 무언가에 머물렀다.

대홍수와 이를 그림으로 재현하는 방법에 대한 묘사는 그야말로 압도적이다. 그는 단순히 '홍수'라고 했을 때 익숙한 이미지를 그려내는 것이 목적이 아니라, 자연의 상황을 가장 작은 것까지 화폭에 구현해내는 데 관심이 있었다. "어둡고 음침한 대기를 묘사할 때에는, 반대쪽에서 부는 돌풍을 맞고 끊임없이 내린 우박과 섞인 비 때문에 불투명해졌으며, 나뭇잎이 많이 붙은 무수한 나뭇가지들이 여기저기 흩날리고 있는 대기의 모습"[*]으로 표현돼야 했다.

그는 어떤 묘사를 하더라도 반드시 그 세계는 그 자체로 완벽해야 한다고 강조해왔다. 인체를 그릴 때도 "마치 호두가 든 자루처럼" 그려서는 안 되며 모든 근육과 옷감,

---

[*]   같은 책, 414쪽.

동태 등이 완벽하게 자연스러워야 한다고 했다. 그래서 그는 글로써 홍수를 촘촘하게 그려낸다. 그의 메모는 무언가를 하기 위한 밑작업인 동시에 구체적인 세계를 자신의 힘으로 상상해 탄생시키는 첫걸음이기도 했다.

물론 그의 메모는 아주 다양한 잡동사니들도 포함했고, 꼭 구체적인 발명품이나 작품으로 화하는 목적이 없더라도 순간순간 느끼고 관찰하고 주목하려고 했던 모든 질문과 장면들을 고스란히 담고 있다.

어쩌면 그의 '끝나지 않는 메모 뭉치'를 '편집'하여 엮는 것은 마치 누군가의 서재 속 책들을 마구잡이로 흩어서 실용적인 방식으로 나누는 것이나 마찬가지 일일지 모른다. 한 정치학자의 서재에서 정치철학 고전 옆에 꽂힌 표지가 닳은 스파이 소설의 존재가 그가 의도적으로 세상에 보여주기 위해 집필한 책 이상(이의)의 무언가를 보여줄 수 있는 법이니까 말이다. '천재' 레오나르도 다빈치는 한 사람이 갖기에는 버거울 정도로 방대한 분야에 대한 호기심과 실질적인 지식을 지니고 있었으며, 그 '자체'가 그라는 세계를 보여준다. 이 때문에 우화와 아포리즘, 실용서에 나올 법한 조언, 인물 데생에 대한 팁들을 한 책에 엮은 리히터의 선택은 적절해 보인다.

리히터는 이렇게 말한다.

그[다빈치]의 광대한 과학 이론의 구조는 수많은 독립적 연구들로 구성되어 있다. …… 세세한 연구에 기울인 레오나르도의 애착(적어도 나에겐 그렇게 보인다)은 모든 원고에서 느낄 수 있는데, 각각의 페이지의 단락들은 어떠한 연관 없이 서로의 뒤를 잇는 아주 상이한 주제의 관찰들로 채워져 결론을 맺는다. 예를 들어, 어떤 페이지는 천문학 혹은 지구의 운동의 원리들로 시작하여, 소리의 법칙을 다루다가, 색채 개념으로 마무리되기도 한다. …… 레오나르도 자신은 그렇게 결론을 내는 걸 애석해했다. 하지만 오히려 그 덕분에 오리지날 텍스트에서 볼 수 있는 질서 있는 텍스트들의 출판은 그의 의도를 충분히 수행할 수 있을지 모른다. 어떠한 독자도 레오나르도의 그 수많은 텍스트의 미로에서는 길을 쉽게 잃어버릴 것이다. 레오나르도 자신조차 그러했다. 아울러 5천 페이지 정도 되는 육필 원고의 반 이상은 상태가 썩 좋지 않은 재료에 씌어졌고, 그것들을 처음으로 한데 모아보려고 시도했던 컬렉터들의 상상으로도 정리되지 못했다. …… 원고의 정리는 분명 그에게 무관심한 일이었을 것이다.*

---

*   같은 책, 6쪽.

다빈치가 노트에 글을 써 내려가면서 유지했던 단 한 가지 원칙은 각각의 관찰에 대한 기록이 한 페이지 내에서 완성되어야 한다는 것 정도였다. 그 정도의 '조건'만 충족한다면 메모장에는 딱따구리의 울음소리부터 인체의 균형, 시장을 걸어가는 사람의 걸음걸이, 삶에 교훈을 주는 우화까지 온갖 것이 담길 수 있었다.

흥미롭게도 다빈치는 자신의 메모에서 '요약'이라든지 '어설프게 얻는 지식'에 대한 비판을 반복적으로 적는다.

나는 이런 대목들 위로 몸을 기울인다.

음식을 급하게 먹으면 체하듯이, 음미하지 않는 공부는 아무것도 남기지 못하여 기억을 망쳐놓는다.**

요약을 하는 자들은 앎과 사랑에 해가 되며 어떤 것에 대한 사랑이건 모두 앎의 자식인 것을 보면, 앎이 더 확실한 만큼 사랑이 더 뜨겁다. 그리고 이 확실성은 모든 부분에

** 같은 책, 658쪽.

대한 완전한 앎에서 나오는 것인데, 이 부분들에 대한 앎이 합쳐져서 사랑해야 할 대상의 총체성을 이룬다.

그런데 완전한 정보를 주어야 하는 문제들의 세부 사항을 생략해버리고, 구성되는 전체의 중요한 부분들을 빠뜨린다면 무슨 소용이 있겠는가? ……

…… 성급한 정신들은 자연의 움직임과 인간의 행동을 연구하는 데 시간을 들이는 것은 낭비라는 공상을 하는 자들이다. 하지만 이들은 야수의 무리로 남지, 인간이 되지는 못할 것이다. …… 그러고 나서 눈이 많이 내리는 때가 오면 사람들의 집 근처로 내려와 주인에게 도움을 청하듯 도움을 구하는 무력한 야수만이 남게 된다.*

모든 것을 한 손에 그러쥘 수 있는 편리하고 압축적인 앎 같은 것은 존재하지 않는다. 앎에 대한 사랑은 오직 부분에 대해서만 작동한다.

그렇다고 할 때 우리는 전체를 이루기 위한 메모를 어떻게 포기할 수 있을까?

그 메모는 과연 말끔한 방식으로 쓰일 수 있을까?

우리는 그저 어찌 됐든 간에 계속 메모를 쓰다가 죽게

---

* 같은 책, 667~668쪽.

되는 것이 아닐까? 삶과 죽음 사이에는 단지 수많은 메모 더미들만이 존재하는 게 아닐까? 우리는 메도를 더 잘 쓰기 위해 더 살아야 할 뿐인 건 아닐까? 우리가 다룰 수 있는 작고 단단한 필연은 순간순간을 이어 붙인 메모 조각들일 뿐이고, 나머지는 우연의 몫이 아닐까?

〈 에필로그 〉

머무르고 잡아채기

뉴스레터를 쓰던 시절, 나는 대체로 매주 미리 주제를 정해두지 못한 채 초조함과 불안에 휩싸여 있었다.

혼자 궁리해도 도저히 뾰족한 생각이 떠오르지 않을 때면 배낭을 매고 무작정 도서관에 가곤 했다. 작은 종이를 옆에 두고서 어떤 책이든 읽다보면 그 과정에서 반드시 '무언가'가 떠오르리라는 것을 믿었기 때문이다. 촉발은 책만 존재해서도, 나만 존재해서도 불가능한 것이다. 나는 오로지 메모의 힘으로 뉴스레터를 썼다. 뉴스레터에 미처 담지 못한 사소하고 어리둥절해지고 깜짝 놀랄 만하고 재미난 이야깃거리들은 분류도 없이 계속 메모함이 쌓여갔다. 본 것들을 무사히 저장하고 동결시켜 완벽하게 기억/아카이빙하기 위함이라기보다는 어떤 구절에 주목하고 옮겨 적는 시간만큼이나마 그 지대에 머무르려는 시도였다. 때론 글자를 읽는 시간보다도 행간에서 멍하니 허공을 바라보다가 메모를 적는 시간이 길어지곤 했다. 내게 메모는 머무른 시간을 형상화한 것이다.

그렇게 머무른 무위의 시간만큼 내 안에서는 어떤 생각들이 타래를 엮으며 이어져갔고, 미처 생각지도 못했던, 내 안에 존재하는지도 몰랐던 질문들이 피어오르며 그 실마리를 찾아가는 과정에서 생각은 이리저리 도약했다. 그런 과정을 거치며 고인 생각의 조각들을 조심스럽게 집어 올려 그것을 (기반으로) 굴려가며 뉴스레터를 쓰곤 했다. 뉴스레터뿐 아니라 어떤 글을 쓸 때도 대체로 마찬가지였다. 적어도 내가 쓰면서 진심으로 즐거움을 느꼈던 글이라면 말이다.

❖

"더 많은 것을 보고 기억하라!"고 외치는 시대에 머무름의 가치를 강조하는 말은 허망하게 들릴지 모른다. 하지만 그렇지 않다. 머무름의 중요성은 아무리 강조해도 지나치지 않다. 머무름이 없다면 촉발도 존재하지 않기 때문이다.

그렇다고 해서 우리를 산만하게 하는 들쭉날쭉한 정보들로부터 눈을 돌리고 '엄선되고 유용한 것'에만 작정하고 머무르자는 의미도 아니다. 애초에 산만하게 만드는 정보와 가치 있는 정보 사이의 경계는 모호하며 어떤 구석에서 나를 깜짝 놀라게 하는 오배를 마주할지 모를 일이다. 《나는 점점 보이지 않습니다》에서 시각장애인 철학 교수 킹슬리 프라이스는 자신을 대신해 메일함의 제목을 읽어주는 대학원생에게 '중요 메일'뿐 아니라 스팸 메일까지 모조리 읽어달라고 요청한다. 시력을 잃어가는 저자 앤드루 릴런드도 유익하고 엄선된 "자연 다큐멘터리"뿐 아니라 "영혼까지 으스러지는 운동 영상이나, 질 낮은 시트콤이나, 페인트 광고라 할지라도 …… 모두 보기를 원한다"[*]고 말한다. 이런 욕망은 모든 정보를 '섭렵'하기 위함이라기보다는, 때론 엉뚱하고 불쾌하고 낯선 정보에서 비롯되기도 하는 오배를 놓치지 않기 위함일 것이다.

나의 관찰과 머무름은 그야말로 가치 있는 것과 가치 없는 것 사이, 쓰레기장과 하늘 사이, 엉뚱해서 실소가 나올 것만 같은 책과 고전 사이, 가벼움과 무거움 사이에서

---

[*] 앤드루 릴런드, 《나는 점점 보이지 않습니다》, 송섬별 옮김, 어크로스, 2024, 191쪽.

끊임없이 흔들려왔다. 계획을 덜 세우고 고삐를 덜 잡아야 낯선 세계로 흠뻑 빠져들어갈 수 있다. 이런 산만하고 열린 관찰을 나는 '해찰'이라는 단어로 표현해왔고, 그런 산만함 속에서 머무를 만한 재미난 장면에 붙박이는 것을 '메모'라고 불러왔다.

19세기 프랑스의 저널리스트 루이 후아르트는《산책자 생리학》에서 관찰자를 관광객, 무위도식자, 산책자라는 세 가지 유형으로 나누어 묘사한다. 관광객은 무작정 많은 것을 섭렵하는 데만 관심이 팔린 바쁜 관찰자, 무위도식자는 아무런 생각 없이 그저 눈앞에 보이는 것을 멍하니 몇 시간이고 쳐다보는 게으른 관찰자, 산책자는 생기 있는 호기심을 가지고 모든 것(중요한 것뿐 아니라 중요하지 않은 것까지도)을 바라보며 때때로 충분히 머무르고 각별히 바라보는 관찰자다.

> 바쁜 인간은 보지 않고 살펴보고, 무위도식자는 살펴보지 않고 보고, 산책자는 보고 살펴본다.
> ……
> 진정한 산책자는 …… 초유동 과학 같은 것은 몰라도 된다. 대신 모든 길을 알아야 한다. 파리의 모든 상점을 알아야 한다. …… 진열창에 적힌 외국어도 다 읽는다.

……

…… 산책자는 명민한 교양인이다. ……

바보도 돌아는 다닌다. 그러나 절대 산책은 아니다.*

이런 세 가지 구분법은 오늘날 정보의 홍수와 무언가 지적인 것을 그러모아 쌓아두어야 한다는 강박(갈급함)에 질식할 지경인 이들의 시대에 시사점을 준다. 결국 중요한 것은 무엇을 보느냐보다도 무엇에 자기만의 호기심과 열정을 가지고 충분히 머무르며 관찰하느냐의 문제다.

산책자에겐 높은 학식이나 독보적인 자질이 필요하지 않다. 오직 필요한 건 "어떤 경우에나 명랑할 것. / 필요할 때는 성찰할 것. / 항상 관찰 정신을 지닐 것. / 독창성은 그닥 없어도 됨. / 유연한 사유. / 약간의 피로와 훈련. / 특히, 자신을 쉬게 할 줄 아는 의식 상태"** 정도다.

❖

---

*   루이 후아르트, 《산책자 생리학》, 류재화 옮김, 페이퍼로드, 2022, 197~199쪽.
** 같은 책, 203쪽.

사족을 좀 덧붙여보자면, 실은 내가 일상적으로 하는 메모/쓰기는 그다지 '전형적'이거나 '일관된' 형태, 방식('메모 마니아'라고 하면 떠오르는 종류의 방대한 물리적 제텔카스텐, 구조화된 포스트잇 뭉치 등)은 아니다. 나는 메모를 굴러다니는 아무 종잇조각, 신문 등의 여백에 하기도 하지만, 대체로 일기를 제외한 대부분의 일상 메모를 스마트폰이나 컴퓨터 프로그램으로 써왔다. 특히 책을 읽고 난 후의 메모는 90퍼센트 이상 컴퓨터로 적었다. 그리고 뉴스레터를 쓸 땐 이런 메모들을 출력한 뒤 100퍼센트 손글씨로 초안을 처음부터 끝까지 작성했다. 이 책을 쓸 때는 초반에 손글씨 메모를 몇십 장쯤 활용해보다가, 글쓰기 프로그램인 스크리브너를 결제해서 몇 번 쓰기도 했는데 도저히 손에 익지 않아 포기했고, 본격적인 집필에는 컴퓨터 메모장과 노트를 병행하며 사용했다. 도구를 바꿔 쥔 것은 대체로 그때그때 기분과 컨디션에 따라서였는데, 컴퓨터로 쓴다고 해서 무심하게 휘갈겨지지 않았고, 갑갑한 나머지 손글씨로 쓴다고 해서 한 글자 한 글자에 각별한 정성과 독창성이 깃들지도 않았다. (실제로 이 책을 쓰면서 손글씨로 쓴 상당한 분량 가운데 절반 이상을 날려야만 했다.)

프롤로그에서 나는 메모의 방법론보다는 메모란 무엇인가에 집중해보겠다고 말했다. 그러나 이 둘이 그렇게까지 동떨어진 주제라곤 생각지 않는다.

메모란 무엇인가, 그리고 나는 어떤 메모를, 왜 하고 싶은가 등을 궁리하다보면 자연스럽게 자기 나름의 방법론은 도출되는 것이 아닐까? 쓰기와 마찬가지로 말이다. 1980년대에 한 공학자가 자신만을 위해 만들어준 워드 프로그램Kedit을 수십 년간 고집해온 저널리스트 존 맥피라든지, 글을 쓸 때 유독 보라색 잉크를 선호했다는 소설가 루이스 캐럴, 글을 쓰다가 막히면 거꾸로 매달렸다는 《다빈치 코드》 저자 댄 브라운 등 수많은 작가들에게는 징크스에 가까운, 자기만의 엉뚱하고 사소한 습관 뭉치가 있었다.

내 생각엔 결국 메모와 관련해 중요한 동사는 '머무르다'와 (생각이 내려앉은 순간에) '잡아채다' 이 두 개가 전부다. '메모의 순간'이라는 이 책의 제목에는 그 두 동사가 어우러져 있다. 우리가 뭔가에 마음이 동하여 끄적이기 시작하는 그 순간이 바로 우리가 재미난 것에 주목하며 머무르는 순간이고, 그때 무언가 재미난 것—나 스스로도 알지 못했던 것—을 쓰게 된다.

그로부터 비롯되는 것은, 생산적이고 계획적인, 유용하기만 한 관찰 및 글쓰기에서는 도저히 존재하기 어려운 원초적 즐거움이다.

메모의 순간

초판 1쇄 펴낸날	2025년 10월 1일
지은이	김지원
펴낸이	박재영
편집	임세현·이다연
디자인	조하늘
제작	제이오
펴낸곳	도서출판 오월의봄
주소	경기도 파주시 회동길 513 203호
등록	제406-2010-000111호
전화	070-7704-5240
팩스	0505-300-0518
이메일	maybook05@naver.com
X(트위터)	@oohbom
블로그	blog.naver.com/maybook05
페이스북	facebook.com/maybook05
인스타그램	instagram.com/maybooks_05
ISBN	979-11-6873-161-5 03800

이 책은 저작권법에 따라 보호받는 저작물이므로 무단전재와 복제를 금합니다.
이 책 내용의 전부 또는 일부를 이용하려면 반드시 저작권자와 도서출판 오월의봄에 서면 동의를 받아야 합니다.

책값은 뒤표지에 있습니다. 잘못된 책은 바꾸어 드립니다.

만든 사람들
책임편집	이다연
디자인	조하늘